高等院校经济管理类"十三五"规划教材

# 企业经营模拟沙盘教程

# Corporate Business
# Simulation Sandbox Tutorial

主 编 朱新满 戴晓震

中国财经出版传媒集团

经济科学出版社
Economic Science Press

图书在版编目（CIP）数据

企业经营模拟沙盘教程/朱新满，戴晓震主编．—北京：经济科学出版社，2018.6（2022.8 重印）
高等院校经济管理类"十三五"规划教材
ISBN 978 - 7 - 5141 - 9535 - 4

Ⅰ.①企…　Ⅱ.①朱…②戴…　Ⅲ.①企业经营管理 - 计算机管理系统 - 高等学校 - 教材　Ⅳ.①F272.7 - 39

中国版本图书馆 CIP 数据核字（2018）第 158290 号

责任编辑：杜　鹏　刘　瑾
责任校对：王肖楠
责任印制：邱　天

企业经营模拟沙盘教程
主　编　朱新满　戴晓震
经济科学出版社出版、发行　新华书店经销
社址：北京市海淀区阜成路甲 28 号　邮编：100142
编辑部电话：010 - 88191441　发行部电话：010 - 88191522
网址：www.esp.com.cn
电子邮件：esp_bj@163.com
天猫网店：经济科学出版社旗舰店
网址：http://jjkxcbs.tmall.com
北京季蜂印刷有限公司印装
787×1092　16 开　11.5 印张　240000 字
2018 年 8 月第 1 版　2022 年 8 月第 4 次印刷
印数：9501—11000 册
ISBN 978 - 7 - 5141 - 9535 - 4　定价：27.00 元

# 前　言
## INTRODUCTION

　　"企业经营模拟沙盘教程"是主要面向经管类专业学生开设的一门专业基础课，非经济管理类专业学生也可以学习。本课程除了涉及企业资源计划（ERP）思想的介绍以及企业经营管理理论的概括，更多的是培养学生解决实际问题的技能技巧，要求每个学生必须参与课程全过程，并实际动手做出结果，所以要求课程在实验室完成。本训练为多学科专业知识的综合应用，课堂讲授内容较少，更多的是结合学生经营成果进行综合分析，课程包含的知识内容和技能操作基本上是以体验式教学或感悟式教学的方式让学生形成企业经营管理本质的认知和理解。

　　"企业经营模拟沙盘教程"是一门以学生动手实践为主，教师讲授、指导、点评为辅，理论和实践相结合的企业经营管理实训课程。它的展开是针对一个模拟企业（制造型企业），把该模拟企业运营的关键环节——战略规划、资金筹集、市场营销、产品研发、生产组织、物资采购、设备投资与改造、财务核算与管理等几个部分设计为 ERP 沙盘模拟课程的主体内容，把企业运营所处的内外部环境抽象为一系列的规则。全班学生被分成若干个团队，组建成若干个相互竞争的公司，每个学生将担任总裁（CEO）、营销总监（CMO）、运营（生产）总监（COO 或 CPO）、财务总监（CFO）、采购总监（CPO）等，每个公司（每组同学）经营一个拥有销售良好、资金充裕的虚拟公司，连续从事 4~6 个会计年度的经营活动。

　　为了让学生能更好地掌握分析市场、制定战略营销策划、组织生产、财务管理等一系列企业经营活动，领悟科学的管理规律，全面提升管理能力，本课程安排了学习情景（见表1）。

表1

| 序号 | 实验名称 | 目的要求 | 实验类型 |
|---|---|---|---|
| 学习情景一 | 运营准备 | 1. 了解企业经营模拟沙盘的由来<br>2. 掌握企业模拟经营沙盘的基本情况和意义<br>3. 组建模拟企业，设定目标和建立企业文化<br>4. 明确自己的职责 | 演示性 |

续表

| 序号 | 实验名称 | 目的要求 | 实验类型 |
|---|---|---|---|
| 学习情景二 | 手工沙盘 | 1. 了解沙盘企业初始经营状态<br>2. 熟练掌握沙盘模拟运营规则<br>3. 熟悉沙盘模拟运营流程 | 演示性<br>操作性 |
| 学习情景三 | 电子沙盘 | 1. 掌握企业模拟经营电子沙盘的运营规则<br>2. 熟练操作企业模拟经营电子沙盘<br>3. 各职位的组员各司其职，并能协调好和其他职位组员之间的关系<br>4. 通过电子沙盘的演练对企业的运营流程有一定的认识 | 演示性<br>操作性 |

　　该课程实验指导书是集知识性、趣味性、对抗性于一体的企业管理技能训练课程。对于非经济管理专业的学生应自学《管理学》《市场营销学》《会计学》《财务管理》等经济管理专业相关课程。

编　者

2018 年 6 月

# 目 录
## CONTENTS

# 第1章 企业经营模拟沙盘概述

☞ 在实际操作手工沙盘和电子沙盘之前，学生应做好充分的准备，熟悉企业经营模拟沙盘的内涵、起源、发展及应用，了解企业经营模拟沙盘实训课程的基本内容及要求。

**任务目标**

- 掌握企业经营模拟沙盘的内涵
- 了解企业经营模拟沙盘的起源、发展及应用
- 明确企业经营模拟沙盘实训课程的基本情况
- 了解企业模拟经营沙盘的意义

**任务提出**

企业经营模拟沙盘是一个内涵和外延都相当丰富的概念，集成了众多的管理思想和信息技术的应用，其功能覆盖了企业运营和管理的方方面面。进行企业经营模拟沙盘实训，就必须掌握企业经营沙盘的内涵、起源、发展及应用，了解企业经营模拟沙盘实训课程的基本内容与要求。

## 1.1 企业经营模拟沙盘的内涵

企业经营模拟沙盘是针对代表先进的现代企业经营与管理技术——ERP（企业资源计划系统）设计的角色体验的实验平台。企业经营模拟沙盘按照制造企业的职能部门划分了职能中心，包括营销与规划中心、生产中心、物流中心和财务中心。各职能中心涵盖了企业运营的所有关键环节，以战略规划、资金筹集、市场营销、产品研发、生产组织、物资采购、设备投资与改造、财务核算与管理等几个部分为设计主线，把企业运营所处的内外环境抽象为一系列规则，由受训者组成多个相互竞争的模拟企业，模拟企业 6~8 年的经营。通过受训者参与—沙盘载体—模拟经营—对抗演练、讲师评析神受训者感悟等一系列的实验环节，融和理论与实践于一体、集角色扮演与岗位体验于一身的设计思想，使受训者在分析市场、制定战略、营销策划、组织生产、财务管理等一系列活动中，参悟科学的管理规律，培养团队精神，全面提升管理能力。同时也对企业资源的管理过程有一个实际的体验。

## 1.2 沙盘模拟的起源、发展阶段及广泛推广应用

提到沙盘，人们自然会联想到战争年代军事作战指挥沙盘或是房地产开发商销售楼盘时的展示沙盘。它们均清晰地模拟了真实的地形地貌，同时又省略了某些细节，让指挥员或者顾客对形势有一个全局的了解。沙盘的发展主要经历了三个发展阶段。

1. 第一阶段：用于军事作战。"沙盘"最早用于两军对抗的军事作战。它采用各种模型（用沙土或其他材料做成的地形及其他模型）来模拟战场的地形及武器装备的部署情况，结合战略与战术的变化来进行推演。

沙盘在我国已有悠久的历史，据《后汉书·马援列传》记载，公元32年，汉光武帝征讨陇西的魄嚣，召名将马援商讨进军战略。马援对陇西一带的地理情况很熟悉，就用米堆成一个与实地地形相似的模型，从战术上做了详尽的分析。光武帝刘秀看后，高兴地说，"敌人尽在我的眼中了。"这就是最早的沙盘作业。

19世纪末和20世纪初，沙盘主要用于军事训练，在军事上取得了极大的成功。第一次世界大战后，沙盘不断发展演变，现在有地形沙盘、建筑模拟沙盘、工业地形沙盘、房地产沙盘、企业经营沙盘等。

2. 第二阶段：用于教学。企业沙盘模拟培训源自西方军事对抗作战，通过红、蓝两军在战场上的对抗与较量，使作战指挥员不需要亲临现场就能清晰地总揽全局，发现双方战略战术上存在的问题，从而运筹帷幄，并做出最优的决策，节省实战演习的巨大经费开支，不受士兵演习时间与空间的限制，因而在世界各国广泛运用。

自从1978年被瑞典皇家工学院的Klas Mellan开发之后，企业经营模拟沙盘演练迅速风靡全球。现在许多知名的商学院（如哈佛商学院、瑞典皇家工学院等）和一些管理咨询机构都在用沙盘模拟演练对职业经理人、MBA、经济管理类学生进行培训，以期提高他们在实际经营环境中决策和运作的能力。

3. 第三阶段：广泛推广。20世纪80年代初期，沙盘模拟课程被引入中国。企业沙盘模拟是一种理解和领悟企业经营管理过程的方法。率先在企业的中高层管理者培训中开始传播应用并快速发展。

大家在国内能看到的企业经营模拟沙盘课程大多是国外引进的，沙盘模拟课程在国外被统称为simulation课程。由于是模仿真实商业环境而开发的，具有很强的实战性，所以被译为"沙盘模拟""模拟经营""商业模拟"等，其中"沙盘模拟"这一名称认可度最高。

21世纪初，部分ERP软件厂商相继开发出了企业经营模拟沙盘演练的教学版，将它推广到高等院校的实验教学过程中。现在，越来越多的高等院校筹建了沙盘模拟实验室，为学生开设了"企业经营模拟沙盘"课程，并且取得了很好的效果。全国大学生企业经营沙盘对抗赛，因参与的大学生越来越多、比赛的规模

也越来越大而成为国内企业界具有一定影响力的沙盘模拟大赛。

目前，沙盘模拟已风靡全球，成为世界 500 强企业中高层管理人员经营管理能力培训的首选课程。MBA、EMBA、众多本科院校、高职院校也陆续引进沙盘模拟课程，提高学员的经营管理能力。

## 1.3 企业经营模拟沙盘实训课程概述

### 1.3.1 企业经营模拟沙盘实训课程简介

20 世纪 80 年代初期，该课程被引入我国，率先在企业的中高层管理者培训中使用并快速发展。21 世纪初，用友、金蝶等软件公司相继开发出了沙盘模拟演练的教学版，将它推广到高等院校的实验教学过程中。现在，越来越多的高等院校为学生开设了"企业沙盘模拟"课程，并且都取得了很好的效果：企业经营模拟沙盘实训课程是构建经济管理类人才培养实训体系中重要的一个组成部分：这种实践活动对于在校学习的学生显得尤为宝贵。学生将置身于商业实战场景，亲身体验商业竞争的激烈性，循序渐进锻炼实践能力，尽早具备与本学科专业相关的较强的动手操作能力。企业经营模拟沙盘实训课程借助沙盘模具，基本再现了企业经营管理的过程，将"企业"搬进了课堂。在沙盘之上，企业的现金流量、产品库存、生产设备、银行借贷等指标清晰直观。

### 1.3.2 企业经营模拟沙盘实训的目标及要求

本课程的目的是培养学生对企业计划制订、广告确定、经营中筹资、财务核算、产能计算、排程计划、营销技巧应用的专业能力，以满足企业对应用管理岗位不同层次人才的需求，同时注重培养学生的社会能力和应用能力。企业经营模拟沙盘前身是企业运营沙盘仿真实验，其特点是，采用体验式培训方式，遵循"体验—分享—提升—应用"的过程，达到学习的目的。

在沙盘模拟实训中，受训学生被分成 6～10 个相互竞争的模拟管理团队，每个团队人数，分任总经理、财务部经理、营销部经理、生产部经理、采购部经理等职务。各团队分别经营一个拥有销售良好、资金充裕的虚拟公司，连续从事 4～10 个会计年度的经营活动。通过直观的沙盘来模拟企业运行状况，使学生在整体战略、产品研发、设备投资改造、生产能力规划与排程、物料需求计划、资金需求规划、市场与销售、财务经济指标分析、团队沟通与建设等多个方面，体会企业经营运作的全过程，领悟科学的管理规律、提升管理能力。

教师通过运用分组讨论、集中研讨、角色扮演、情景模拟、案例分析、老师点评等多种教学手段，调动受训学生在高度兴奋状态下完成培训课程，确保受训学生对先进的经营思想和管理方法充分理解并娴熟运用。

### 1.3.3　企业经营模拟沙盘实训课程内容

企业经营模拟沙盘实训课程涉及诸多企业管理方面的知识。如企业整体战略、产品研发、生产排程、市场营销、财务管理（会计核算）、团队沟通与合作等多个方面，在本门课程中涉及的具体内容包括以下内容。

1. 整体战略方面。（1）评估内部资源与外部环境，制定企业的长期和中短期的经营策略。（2）预测市场趋势及调整既定战略。

2. 产品研发方面。（1）产品研发决策。（2）修改研发计划，必要时甚至中断原研发计划。

3. 生产方面。（1）选择获取生产能力的方式（购买或租赁）。（2）设备更新与生产线改良。（3）全盘生产流程调度决策，匹配市场需求、交货期、产品品种和数量及设备产能。（4）库存管理以及产销配合。

4. 市场营销方面。（1）市场开发决策。（2）新产品开发、产品组合与市场定位决策。（3）模拟在市场中短兵相接的激烈竞标过程。（4）刺探同行商情，抢攻市场。（5）建立并维护市场地位，必要时作出退出市场的决策。

5. 财务方面。（1）制订投资计划。（2）预测企业的长期资金和短期资金的需求，寻求资金来源。（3）掌握资金的来源与用途，妥善控制成本。（4）警惕经营资金短缺前兆，争取以最佳方式筹措资金。（5）分析财务报表、掌握报表重点与数据含义。（6）运用债务指标进行内部诊断，协助 CEO 进行管理决策。（7）如何以有限资金扭亏为盈，并且争创高额利润。（8）编制财务报表、结算投资报酬和评估决策效益。

6. 团队合作与沟通方面。（1）学习如何在立场不同的各部门之间进行沟通协调。（2）培养不同部门人员的共同价值观与经营理念。（3）建立以整体利益为导向的团队协作组织。

### 1.3.4　企业经营模拟沙盘实训课程的教具

企业经营模拟沙盘实训课程的教具大体上分为以下三种。

1. 纯实物沙盘。纯实物沙盘要求所有的操作都要自己动手亲自完成。使用这种教具的优点是学生通过自己动手对所学知识有更深刻的认识，缺点是花费时间较多，所有操作全部亲自动手，一定程度上增加了时间成本。实物沙盘如图 1 - 1 所示。

2. 纯电子沙盘。纯电子沙盘和手工教具相反，全部采用电子教具，电子沙盘的盘面如图 1 - 2 所示。

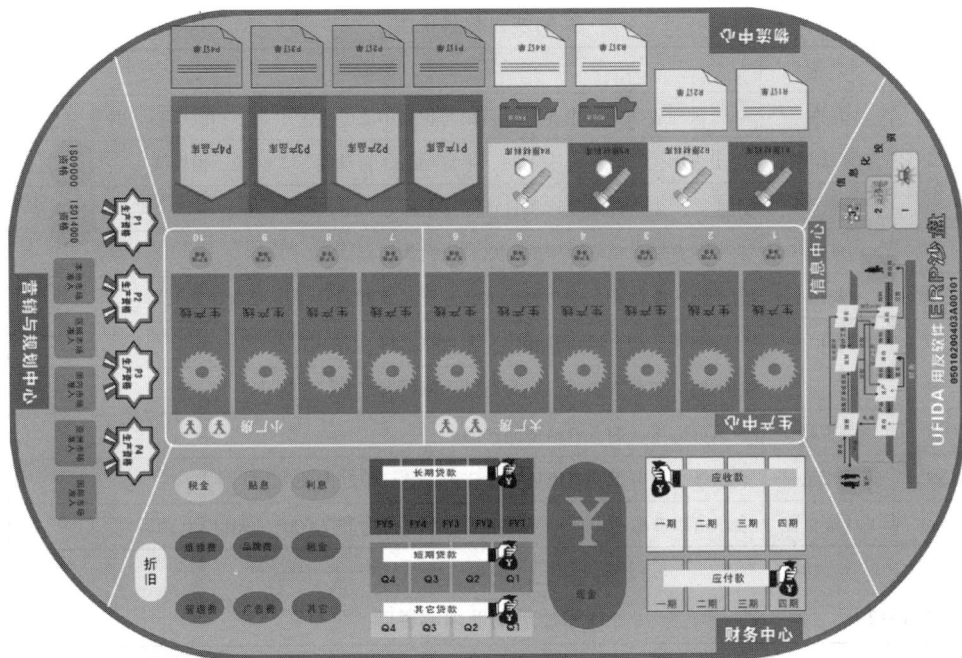

图 1 – 1　实物沙盘

图 1 – 2　商战沙盘

3. 实物、电子相结合。基于实物沙盘和电子沙盘两种教具，实物沙盘和电子沙盘相结合的方式可以克服实物沙盘耗费时间长、电子沙盘学生依赖性强的不足的缺点。一般来说，采用实物沙盘和电子沙盘相结合的方式。其实物沙盘和电子沙盘的分工如表 1 – 1、表 1 – 2 所示。

表1-1 实物沙盘教具说明

| 序号 | 名称 | 说明 |
|---|---|---|
| 1 | 盘面 | 一张盘面表示一家企业，有营销与规划中心、生产中心、物流中心、财务中心 |
| 2 | 生产线模板 | 用于表示生产线——手工线、半自动线、自动线、柔性线、租赁线 |
| 3 | 产品标识 | 用于表示生产线是生产哪种产品——P1、P2、P3、P4等 |
| 4 | 订单 | 表示各企业从市场获得的订单，是销售依据 |
| 5 | 灰币 | 用于标识金钱，一个币表示100万；一桶20个，表示2 000万 |
| 6 | 彩币 | 分红、黄、蓝、绿4种颜色，表示原材料R1、R2、R3、R4 |
| 7 | 空桶 | 用于盛装灰币或彩币，同时可表示原材料订单、长短贷 |
| 8 | 产品资格证 | 表示可以生产拥有资格证的产品 |
| 9 | 市场准入证 | 表示该企业可以拥有市场投放广告、拿订单准入证 |
| 10 | ISO资格证 | 表示可以获取有ISO资格要求的订单，分为ISO9000，ISO14000两种 |

表1-2 电子沙盘辅助内容说明

| 序号 | 名称 | 说明 |
|---|---|---|
| 1 | 市场预测 | 各组别市场预测—支持6～10组 |
| 2 | 经营流程表 | 训练时学生用表（任务清单及记录） |
| 3 | 会计报表 | 各年会计报表 |
| 4 | 应收贷款记录表 | 训练时记录应收和贷款情况 |
| 5 | 重要经营规则 | 快速查询主要规则 |
| 6 | 后台管理（教师）操作说明 | 管理员（教师）操作手册 |
| 7 | 前台（学生）操作说明 | 学生操作手册 |
| 8 | 安装主程序 | 需要和加密狗匹配使用 |

## 1.4 企业模拟经营沙盘的意义

### 1.4.1 实践应用型人才教育理念，创新人才培养模式

应用型人才就是把成熟的技术和理论应用到实际的生产、生活中的技能型人才。应用型人才的概念是相对于专门学术研究型人才而提出的，以适应用人单位为实际需求，以大众化教育为取向，强调实践能力和动手操作能力。企业经营模拟沙盘实训的开设实践了应用型人才教育观念，创新了人才培养模式。

应用型人才教育观念注重素质型的通识教育。随着社会用人单位需求的变化，学生的综合能力和素质对学生的就业质量的影响也越来越大。企业经营模拟

沙盘实训课程的开设,让学生很好地在教学过程中实践应用型人才教育理念,通过对企业模拟经营概况、企业经营运营规则、模拟实践、财务分析、经营结果分析等模块的学习,掌握企业经营的专业知识,提高实践操作能力、创新能力。

应用型人才教育理念更注重学生的创新能力。企业经营模拟沙盘实训以培养学生的创新精神和解决企业模拟经营中的问题为出发点,通过一系列的实战经营来达到最大的教学效果。

在企业经营模拟沙盘实训中,在学生对专业知识掌握的基础上,在模拟企业经营实践环节中,提高学生的创新能力。在实践环节中,学生通过对市场需求、企业财务状况、企业生产能力等方面的分析,创新运营方法,改进生产计划,从而做出正确的运营决策和生产计划,让企业的生产更好地适应市场的需求。只有创新思维方法和企业经营模式,才能使企业处于不败之地,才能让模拟中的企业更好地持续发展下去。企业经营模拟沙盘实训创新了人才培养模式,在实训中采取了以"学生为中心"的培养模式。一方面,实训中的企业经营实战,提高了学生内在的学习动力和其学习的积极性,使学生具有明确的学习目的。在实训过程中,学生遇到企业经营的问题,通过与老师的交流沟通,更好更高效率地解决问题,这在一定程度上提高了学生在实训中的课堂参与度。另一方面,实训中以实战成果作为考核的最终成绩,这一考核方式在一定程度上保护了学生的学习积极性和操作能力。通过自己的操作来取得模拟企业的经营成果,给学生带来学习的成就感。以"学生为中心"的培养模式在实训过程中取得了良好的效果,促进了这一培养模式在教学过程中的推广普及化。

## 1.4.2　寓教于乐,激发学生的学习潜能

企业经营模拟沙盘实训,营造了课堂现场的实战气氛,学生应思考将所学的理论知识如何运用到实战中;实训还采用了具有竞赛性质的方式,这样的方式使得企业经营模拟沙盘实训更具有竞技性和游戏性。在每轮实战结束后都会以实战总成绩来排名,让学生对自己的实战成果有进一步的了解,感受学习带来的成就感。这一"游戏"教学模式很受学生的欢迎,在很大程度上提高了学生学习的积极性。以"学生为主,教师为辅"的实训模式,极大地调动了学生的兴趣和热情,毕竟兴趣是学习的最大动力。企业经营模拟沙盘实训真正做到了寓教于乐,让学生在学习中感受到快乐,在快乐中学习。

沙盘模拟教学与传统的课堂灌输授课方式截然不同,它是通过直观的企业经营沙盘来模拟企业运行状况、注重实战技能的传授。强调演练与实战后,既能调动学生的主观能动性,又可以让学生身临其境,亲身感受一个企业经营者直面市场竞争的精彩与残酷,并在此过程中体悟企业经营管理的关键。

企业经营模拟沙盘实训将企业组织结构和管理的操作过程都生动形象地显示在沙盘上,让其原本复杂抽象的操作环节变得更加生动形象、有趣化,将其所有的实践步骤直观地显示在学生面前。通过以赛促学的教学模式,使学生在

研究分析的基础上，能够更加充分地掌握企业经营模拟沙盘的专业理论知识，做到在实战环节对理论知识的灵活运用。将理论和实战相结合，使实训更具娱乐性，将原本枯燥乏味的教学变得更加生动有趣，极大地提高了学生学习的积极性和学习热情。

在实战的过程中，在实践的每个环节中，要引发学生对如何决策、如何在众多企业中谋得更好的发展、如何分析市场需求、在资金短缺时寻求短期贷款还是长期贷款、每个季度的生产计划是怎样的、厂房是租还是买、生产线建多少条等一系列问题的思考。通过对这一系列问题的思考，学生可在实战过程中高效地解决运营中的一系列问题，从而让模拟企业更好更快地发展。这一实训的过程可给学生带来深刻的记忆，使其懂得企业是如何运营的，更好地激发学生的学习潜能，为后续课程学习打下基础。

### 1.4.3 突破专业壁垒，拓展学生的知识体系

企业管理职能包括财务管理、市场营销、生产运营、人力资源、物流管理等，在工商管理类专业课程的设计中，往往把企业管理的这些职能分为各个不同的专业方向，学生选择一个或两个专业进行修读，这种专业设计有利于学生学有专长，在某一专业领域深入发展，但这样的专业设置容易形成专业壁垒，禁锢和限制学生的发展空间和思维式。企业经营模拟沙盘让学生从获得风险投资资金开始，模拟企业经营全过程，向学生展示企业经营管理的全过程。通过模拟，让学生对战略规划、营销策略、经营管理、财务管理、物流管理等方面有一个全面认识，从而突破专业壁垒，整合知识体系，进一步加强对自身职位在企业管理中重要性的理解，具备全局意识。

沙盘模拟通过对企业经营管理的全方位展现及学生的模拟体验，可拓展学生的知识体系，具体体现在以下五个方面。

1. 战略管理。公司战略是指规划公司目标以及为达到这一目标所需资源的取得、使用和处理。它是企业为了适应未来环境的变化，寻求长期生存和稳定发展而制定的总体性和长远性的谋划。成功的企业一定有着明确的企业战略，包括产品战略、市场战略、竞争战略及资金运用战略等。

每一个部门都要统一理解公司的战略路线，并在战略路线的指导下，合理分配各部门资源。生产和人力资源部门就要根据战略路线配比各期的产能，营销部门就要根据战略路线确定各期市场竞争思路，财务部门则要根据战略路线调节和平衡各期现金流量等。

从最初的战略制定到最后的战略目标实现与分析，经过几年的迷茫、挫折、探索、争论与总结，学习者将学会用战略的眼光看待企业的业务和经营，保证业务与战略的一致，在未来的工作中更多地获取战略性成功而非机会性成功。

2. 营销管理。市场是实现产品价值和剩余价值的唯一场所。马克思把商品的销售称作"惊险的跳跃"，这个跳跃完成得好，不仅企业的各项耗费可以得到

补偿，还可能得到丰厚的利润，否则连企业的生存都会遇到困难。市场营销，是在变化的市场环境中，旨在满足消费需要、实现企业目标的商务活动过程，包括市场调研、选择目标市场、产品开发、产品促销等一系列与市场有关的企业业务经营活动。企业所有的行为、所有的资源，无非是要满足客户的需求。模拟几年的市场竞争对抗，学生将学会如何分析市场、关注竞争对手、把握消费者需求、制定营销战略、定位目标市场，制订并有效实施销售计划，达成企业战略目标。通过实战操作，不仅能使学生了解企业在市场营销中需要管理的内容与方法，还能在实际工作中灵活应用以取得最好的效果。

3. 经营管理。所谓经营，是指经济的运营，具体到一个企业就是企业所拥有的资源以不同的价值形态在企业内部周而复始地循环与增值的过程。而管理就是管辖治理，就是企业的不同部门把自己所负责的工作做好的同时，对各自管辖范围的顺利衔接进行理顺的行为。所以我们把采购管理、生产管理、质量管理统一纳入经营管理范畴，则与经营管理相关的新产品研发、市场开拓、物资采购、设备购置、生产运作管理、市场销售、品牌建设一系列问题背后的一系列决策自然地呈现在学习者面前，它跨越了专业分隔、部门壁垒。学习者不仅要考虑到何时开始安装新生产线、何时开始淘汰旧生产线、何时研发与投产何种产品、使用哪个厂房、各种生产线的比例应如何搭配等，还要考虑市场需求量、本公司的市场份额、财务承受能力各方面的影响因素。通过学习，学习者将充分运用所学知识、积极思考，在不断的成功与失败中获取新的知识。

4. 财务管理。财务既能够对整个企业的经营业绩和财务状况进行评价，同时财务分析对企业经营和投资过程中的决策也至关重要。在沙盘模拟过程中，要从投资计划的制订与实施对财务的影响上入手，主要体现在以下六个方面：（1）制定投资计划，评估应收账款金额与回收期。分析在沙盘模拟中本企业对把握资金流的长期规划的程度，预计现金的流入和流出的准确性如何。其投资回收期是否准确，资金是否出现战略上大的缺口等。（2）预估长、短期资金需求，寻求资金来源。要总结模拟企业的资金具体来源于哪里，如何取得这些来源，其每个资金来源渠道能够筹集的资金额度是多少，在哪个时点上筹资，其代价又是多大。（3）掌握资金来源与用途，妥善控制成本。财务总监要深入分析其资金的来源与用途是否匹配，是否存在滥用资金的现象，特别是在资金占用情况最为突出的生产过程中，如固定资产与厂房的购置，原材料的采购等。（4）制定预算。通过对资金、信息的整合等，能够实现资源的合理配置、作业的高度协同、战略有效贯彻、经营持续改善、价值稳定增长的目标。（5）实施及时、准确、可靠的会计核算，为管理层战略战术的调整提供适时的数据支持。管理需要数据的支持，决策需要数据的论证。当市场环境发生剧变，或者竞争对手的经营现状超出你的预期时，又或是先前花费大最心思与精力制定的战略被竞争对手"窃取"时，你的公司就会面临着改变经营战略或者战术的决策，这时及时、准确、可靠的会计数据会成为公司走出困境，扭转乾坤的最有力的武器。（6）分析财务报表，运用财务指标进行内部诊断，协助管理决策。这就要求学员能够清楚掌握资产负债表、利润表的结构；掌握资本流转如何影响损益；通过"杜邦模型"解读企业经营的全局；预估长短期资金需求，以最佳方式筹资，控制融资成本，提高资金使用效率；理解现金流对企业经营的影响。

5. 人力资源管理。沙盘模拟有助于学生形成宏观规划、战略布局的思维模式。通过模拟，学员对公司业务都会达成一致的理性及感性认识，形成共同的思维模式，以及促进沟通的共同语言。如何树立团队的共同目标，建立团队的组织机构，如何制定保障目标实现的决策机制与规章制度，从而激发公司每个员工的积极性与战斗力，建立起一个以整体利益为导向的极具活力的组织，这是值得全体成员深入思考的重要问题之一。

沙盘模拟从岗位分工、职位定义、沟通协作、工作流程到绩效考评，每个团队经过初期组建、短暂磨合，逐渐形成团队默契，完全进入协作状态。在这个过程中，各自为政导致的效率低下、无效沟通引起的争论不休和职责不清导致的秩序混乱等现象，使学员们深刻理解了局部最优不等于总体最优，学会了换位思考与沟通协作。在组织的全体成员有共同愿景、朝着共同的绩效目标、遵守相应的工作规范、彼此信任和支持的氛围下，企业更容易取得成功。

### 1.4.4　全面提高学生的综合素质

沙盘模拟作为企业经营管理仿真教学系统还可以用于综合素质训练，使学生在以下七个方面获益。

1. 树立共赢理念，提升整体素质。市场竞争是激烈的，也是不可避免的，但竞争并不意味着你死我活。寻求与合作伙伴之间的双赢、共赢才是企业发展的长久之道。这就要求企业知己知彼，在市场分析、竞争对手分析上做足文章，在竞争中寻求合作，企业只有做到这些，才会有无限的发展机遇。

2. 全局观念与团队合作协作精神。通过沙盘模拟对抗课程的学习，学生可以深刻体会到团队协作精神的重要性。在企业运营这样一艘大船上，CEO 是舵手、CFO 保驾护航、营销总监冲锋陷阵……在这里，每一个角色只有以企业总体最优为出发点，各司其职，相互协作，才能赢得竞争、实现目标。

3. 保持诚信，牢记诚信为本。诚信是一个企业立足之本，发展之本。诚信原则在沙盘模拟实训中体现为对"游戏规则"的遵守，如市场竞争规则、产能计算规则、生产设备购置以及转产等具体业务的处理。保持诚信是学生立足社会、发展自我的基本素质。

4. 磨炼决策敏感度，提升决策能力。在企业经营模拟沙盘实训中，学生经历了一个从理论到实践再到理论的上升过程，将自己亲身休会的珍贵经验转化到理论学习的过程中去。利用企业经营模拟沙盘预测出自己的经营思维和思路，对自己每一次的数据进行分析，都可以磨炼自己的决策灵敏度，使自己获益良多，从而最终提升自己的决策能力，提升学生的综合素质。

5. 个性与职业定位。每个个体因为拥有不同的个性而存在，这种个性在沙盘模拟对抗中会显露无遗。在分组对抗中，有的小组轰轰烈烈，有的小组稳扎稳打，还有的小组则不知所措。虽然个性特点与胜任角色有一定关联度，但在现实生活中，很多人并不是因为"爱一行"才"干一行"。更多的情况是需要大家"干一行"就"爱一行"的。

6. 感悟人生。在市场的残酷与企业经营风险面前，是"轻言放弃"还是"坚持到底"，这不仅是一个企业可能面临的问题，更是人在一生中不断需要抉择的问题，经营自己的人生与经营一个企业具有一定的相通性。

7. 实现从感性到理性的飞跃。在沙盘模拟中，学生经历了一个从理论到实践再到理论的上升过程，把自己亲身经历的宝贵实践经验转化为全面的理论模型。学生借助沙盘推演自己的企业经营管理思路，每一次基于现场的案例分析及基于数据分析的企业诊断，都会使自己受益匪浅，从而达到磨炼商业决策敏感度、提升决策能力以及长期规划能力的目的。

# 第2章 建立模拟企业

☞ 企业经营模拟沙盘将企业的主要部门和工作对象制作成类似的实物模型，将企业运行过程设计为运作规则，进而模拟企业的经营过程。企业管理模拟一般将学生分成学习小组，通常将其假定为一家公司，然后在指定的模拟性管理情景与条件下演习各种管理活动。

## 任务目标
- 了解模拟企业的角色，明确各自的工作职责
- 结合岗位职责并根据个人特长选择擅长的岗位组建团队

## 任务提出

在企业经营沙盘模拟实训中，学生组建的团队就是企业经营团队，团队成员只有做到目标一致和分工明确，才能优势互补，成功经营企业。

## 2.1  组建高效的团队

在沙盘对抗实训中，要将所有的学员分成若干个团队，团队就是由少数有互补技能、愿意为了共同的目的、业绩目标和方法而相互承担责任的人们组成的群体。而在每个团队中，各学员分别担任重要职位，包括 CEO、财务总监、营销总监、生产总监和采购总监等职位。在经营过程中，团队的合作是必不可少的。要想打造一支高效的团队，应注意以下四点。

1. 有明确的共同目标。团队必须共同发展，并且要共同完成一个目标，这个目标可以使团队的成员向相同的方向努力，能够激发每个团队成员的积极性，并且使队员行动一致。团队要将总体的目标分解为具体的、可度量的、可行的行动目标。这些具体的目标和总体目标要紧密结合，并且要根据情况随时做出相应的修正。如团队确立了自己六年发展的总目标，还要分解到每一年和每一季度具体如何运营。

2. 确保团队成员互补的能力。团队必须要发展一个完善的能力组合，如担任财务总监的成员就要比较细心，对财务的相关知识有一定的了解，而担任 CEO 职务的人就应该具备较强的协调能力和组织能力等。

3. 有一位团队型领导。在经营过程中需要做出各种决策，这就需要 CEO 能够统领全局，协调各部门之间的关系，充分调动起每个学员的积极性，还要能够作出正确的决策。要成为一个高效、统一的团队，团队领导就必须学会在缺乏足够的信息和统一意见的情况下及时做出决定，果断的决策机制往往是以牺牲民主和不同意见为代价而获得的。对于团队领导而言，最难做到的莫过于避免被团队内部虚伪的和谐气氛所误导，并采取种种措施，努力引导和鼓励适当的、有建设性的良性冲突。将被掩盖的问题和不同意见摆到桌面上，通过讨论和合理决策将其加以解决，否则的话，将对企业的发展造成巨大的影响。

4. 履行好各自的责任。各学员应该按照自己的职位职责进行经营活动，而且应该把自己的工作做好。如采购总监就应该负责原材料的采购，如果出现差错，直接会影响到以后的生产，而生产的产品数量又影响到交单的情况。所以一个小环节的疏漏，可能会导致满盘皆输。

此外，作为团队中的一员，首先要尊重别人。法国哲学家罗西法古曾说过，"如果你要得到仇人，就表现得比你的朋友优越；如果你要得到朋友，就要让你的朋友表现得比你优越。"当我们让朋友表现得比我们还优越时，他们就会有一种被肯定的感觉；但是当我们表现得比他们还优越时，他们就会产生一种自卑感，甚至对我们产生敌视情绪。因为谁都在自觉不自觉地强烈维护着自己的形象和尊严，因此，我们要给予对方充分的尊重。其次要能够接受批评，从批评中寻找积极成分。如果团队成员对你的错误大加抨击，即使带有强烈的感情色彩，也不要与之争论不休，而是从积极方面来理解他的抨击。这样，不但对你改正错误有帮助，也避免了语言敌对场面的出现。最后要善于交流，同在一个团队，我们与其他团队成员之间会存在某些差异，知识、能力、经历造成我们在对待和处理问题时，会产生不同的想法。交流是协调的开始，把自己的想法说出来，倾听对方的想法，我们要经常说这样一句话："你看这事该怎么办，我想听听你的看法。"总之，作为一名员工应该以自己的思想感情、学识修养、道德品质、处世态度、举止风度，做到坦诚而不轻率，谨慎而不拘泥，活泼而不轻浮，豪爽而不粗俗，一定可以和其他团队成员融洽相处，提高自己团队的作战能力。

## 2.2  职 能 定 位

在模拟企业中主要设置五个基本职能部门（可根据学员人数适当调整），其主要职责如表 2-1 所示。

表 2-1 各职位职责明细

| 总裁（CEO） | 财务总监（CFO） | 营销总监（CSO） | 生产总监 | 采购总监 |
|---|---|---|---|---|
| 制定发展战略 | 日常财务记账和登账 | 市场调查分析 | 产品研发管理 | 编制采购计划 |
| 竞争格局分析 | 向税务部门报税 | 市场进入策略 | 管理体系认证 | 供应商谈判 |
| 经营指标确定 | 提供财务报表 | 品种发展策略 | 固定资产投资 | 签订采购合同 |
| 业务策略制定 | 日常现金管理 | 广告宣传策略 | 编制生产计划 | 监控采购过程 |
| 全面预算管理 | 企业融资策略制定 | 制定销售计划 | 平衡生产能力 | 仓储管理 |
| 管理团队协同 | 成本费用控制 | 争取订单与谈判 | 生产车间管理 | 采购支付抉择 |
| 企业绩效分析 | 资金调度与风险管理 | 按时交货 | 成品库存管理 | 与财务部协调 |
| 管理授权与总结 | 财务分析与协助决策 | 销售绩效分析 | 产品外协管理 | 与生产部协同 |

各组学员可以根据自己的专长选择不同的职能部门，当人数较多时，可设置各种助理职位，如财务助理等。确定好职能后，应如图 2-1 所示重新落座。

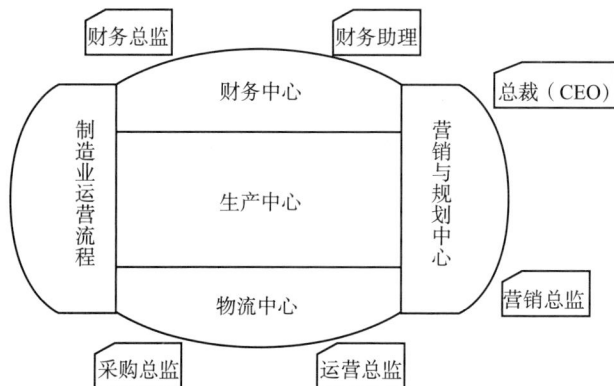

图 2-1 各职能部门座位

## 2.3 公司成立及 CEO 就职演讲

1. 公司命名。在公司成立之后，每个小组要召开第一次员工大会，大会由 CEO 主持。在这次会议中要为自己组建的公司命名。公司名称对一个企业将来的发展而言至关重要，因为公司名称它不仅关系到企业在行业内的影响力，还关系到企业所经营的产品投放市场后，消费者对本企业的认可度；品牌命名或公司名称符合行业特点，有深层次的文化底蕴，又是广大消费者熟知的再也找不到第二名称时，企业的竞争力就明显区别于行业内的企业，为打造知名品牌奠定了基础。因此，各小组要集思广益，为自己的企业起一个响亮的名字。

2. 确定企业使命。企业使命英文表示为 Mission，在企业远景的基础之上，具体的定义企业在全社会经济领域中所经营的活动范围和层次，具体地表述企业在社会经济活动中的身份或角色。它包括的内容为企业的经营哲学、企业的宗旨和企业的形象。在第一次员工大会上，学员还要集体讨论确定企业的宗旨和企业形象等问题。

3. CEO 就职演讲。小组讨论结束后，由 CEO 代表自己的公司进行就职演讲，阐述自己公司的使命与目标等，为下一步具体经营管理企业打下良好的基础。

# 第3章　企业模拟经营手工沙盘

☞ 企业经营模拟沙盘将企业的主要部门和工作对象制作成类似的实物模型，将企业运行过程设计为运作规则，进而模拟企业的经营过程。企业管理模拟一般将学员按3~5人分成学习小组，常常将其假定为一家公司，然后在指定的模拟性管理情景与条件下，演习各种管理活动。

## 任务目标

- 了解沙盘企业初始经营状态
- 熟练掌握沙盘模拟运营规则
- 熟悉沙盘模拟运营流程

## 任务提出

在手工沙盘训练中，每个小组的成员将分别担任公司中的重要职位，如总经理、财务部经理、销售部经理、人事部经理、生产部经理、研发部经理等。他们从先前的管理团队中接手企业，在面对来自其他企业（其他学员小组）的激烈竞争中，将本企业向前推进、发展。学员根据获得的信息对企业外部环境做详细的分析、研究，预测消费者的需求状况，再根据自身的经营状况来制定本企业的发展战略决策，借助生动仿真的教学模具进行沙盘推演，实现由研发、生产到销售的全部经营过程。期末用《资产负债表》和《预算表》等财务数据记录经营结果，计算出经营效率，结算经营业绩。

## 3.1　认识企业模拟经营手工沙盘

### 3.1.1　模拟企业介绍

1. 企业的经营状况。我们这里模拟的是一个生产制造企业，为了避免学员将该模拟企业与他们所熟悉的行业不经意地产生关联，本课程中生产制造产品是一个虚拟的产品，即P系列产品：P1、P2、P3和P4。该企业长期以来一直专注于某行业P产品的生产与经营，目前生产的P1产品在本地市场知名度很高，客户也很满意。同时企业拥有自己的厂房，生产设施齐备，状态良好。最近，一家权威机构对该行业的发展前景进行了预测，认为 P 产品将会从目前的相对低技术水平发展为一个高技术产品。为了适应技术发展的需要，公司董事会及全体股东决定将企业交给一批优秀的新人去发展（模拟经营者），他们希望新的管理层能完成以下工作：

- 投资新产品的开发，使公司的市场地位进一步得到提升。
- 开发本地市场以外的其他新市场，进一步拓展市场领域。
- 扩大生产规模，采用现代化生产手段，努力提高生产效率。
- 研究在信息时代如何借助先进的管理工具提高企业管理水平。
- 增强企业凝聚力，形成鲜明的企业文化。
- 加强团队建设，提高组织效率。

简而言之，随着 P 行业从一个相对低水平发展为高技术水平产品，新的管理团队必须要创新经营、专注经营，才能完成公司董事会及全体股东的期望，实现良好的经营业绩。

2. 企业的经营环境。目前，国家经济状况发展良好，消费者收入稳步提高，P 行业将迅速发展。然而该企业生产制造的产品几乎全部在本地销售，董事会和股东认为在本地以外以及国外市场上的机会有待发展，董事会希望新的管理层去开发这些市场。同时，产品 P1 在本地市场知名度很高，客户很满意，然而要保持市场地位，特别是进一步提升市场地位，企业必须要投资新产品开发，目前已存在一些处于研发中的新产品的项目。在生产设施方面，目前的生产设施状态良好，但是在发展目标的驱使下，预计必须投资额外的生产设施。具体方法可以是建新的厂房或将现有的生产设施现代化。

在行业发展状况方面，P1 产品由于技术水平低，虽然近几年需求较旺，但未来将会逐渐下降。P2 产品是 P1 的技术改进版，虽然技术优势会带来一定增长，但随着新技术出现，需求最终会下降。P3、P4 为全新技术产品，发展潜力很大。根据一家权威的市场调研机构对未来 6 年里各个市场需求的预测，应该说这一预测有着很高的可信度。P1 产品是目前市场上的主流技术，P2 作为对 P1 的技术改良产品，也比较容易获得大众的认同。P3 和 P4 产品作为 P 系列产品里的高端技术，各个市场上对它们的认同度不尽相同，需求量与价格也会有较大的差异。下面我们根据不同的目标市场进行详细分析。

（1）本地市场分析。如图 3 - 1 所示（左图纵坐标表示数量，横坐标表示年份；右图纵坐标表示价格，横坐标表示年份），本地市场将会持续发展，客户对低端产品的需求可能要下滑。伴随着需求的减少，低端产品的价格很有可能会逐步走低。后几年，随着高端产品的成熟，市场对 P3、P4 产品的需求将会逐渐增大。同时随着时间的推移，客户的质量意识将不断提高，后几年可能会对厂商是否通过了 ISO9000 认证和 ISO14000 认证有更多的要求。

本地市场P系列产品需求量预测

本地市场产品价格预测

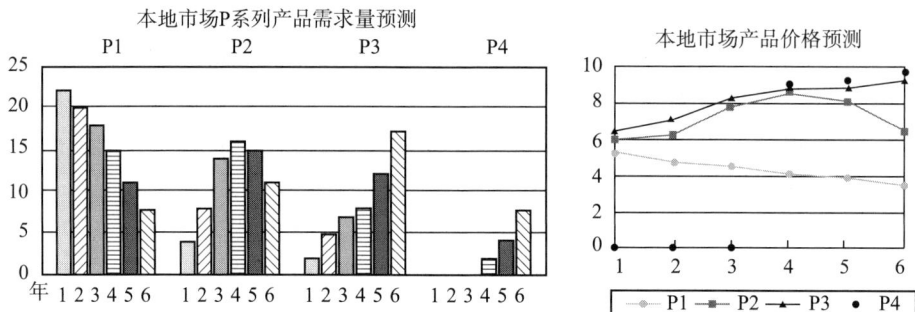

图3-1 本地市场预测

（2）区域市场分析。如图3-2所示，区域市场的客户对P系列产品的喜好相对稳定，因此，市场需求量的波动也很有可能会比较平稳。因其紧邻本地市场，所以产品需求量的走势可能与本地市场相似，价格趋势也应大致一样。该市场的客户比较乐于接受新的事物，因此，对于高端产品也会比较有兴趣。但由于受到地域的限制，该市场的需求总量非常有限。并且这个市场上的客户相对比较挑剔，因此，在以后几年，客户会对厂商是否通过了ISO9000认证和ISO14000认证有较高的要求。

区域市场P系列产品需求量预测

区域市场产品价格预测

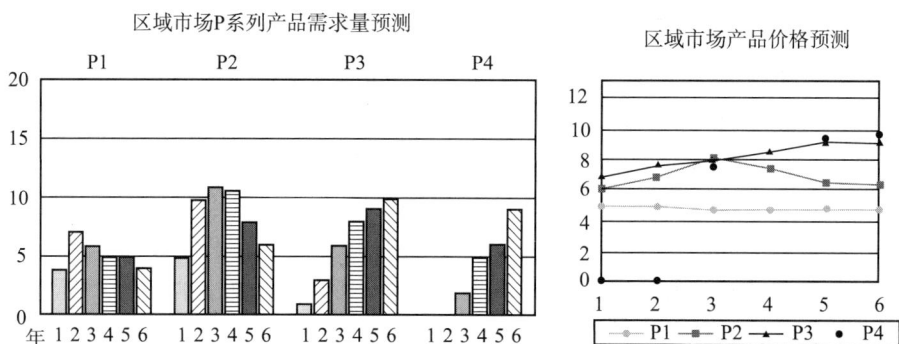

图3-2 区域市场预测

（3）国内市场分析。如图3-3所示，因为P1产品带有较浓的地域色彩，估计国内市场对P1产品不会有持久的需求。但P2产品因为更适合于国内市场，所以估计需求会一直比较平稳。随着对P系列产品新技术的逐渐认同，估计对P3产品的需求会发展较快，但这个市场上的客户对P4产品却并不是那么认同。当然，对于高端产品来说，客户一定会更注重产品的质量保证。

（4）亚洲市场分析。如图3-4所示，这个市场上的客户喜好一向波动较大，不易把握，所以对P1产品的需求可能起伏较大，估计P2产品的需求走势也会与P1相似。但该市场对新产品很敏感，因此，估计P3、P4产品的需求会发展较快，价格也可能不菲。另外，这个市场的消费者看中产品的质量，所以在以后几年里，如果厂商没有通过ISO9000和ISO14000的认证，其产品可能很难销售。

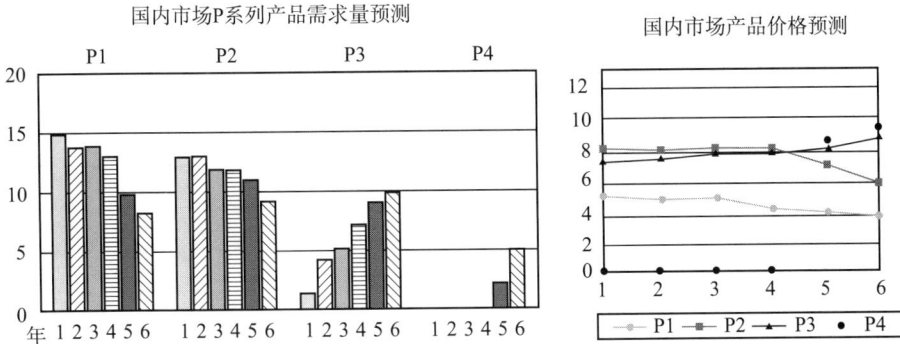

图 3 - 3　国内市场预测

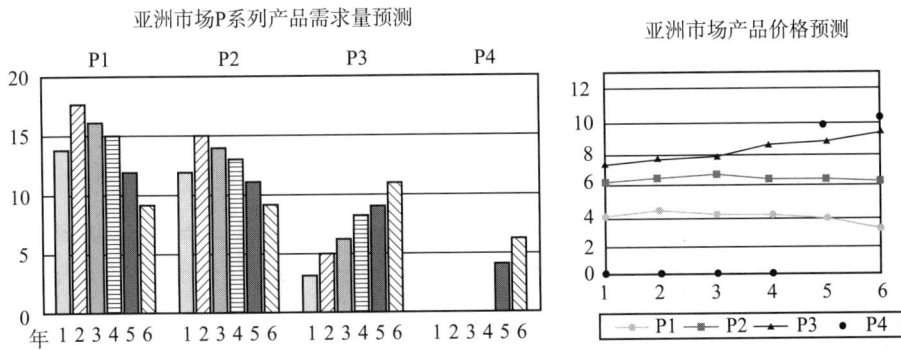

图 3 - 4　亚洲市场预测

（5）国际市场分析。如图 3 - 5 所示，企业进入国际市场可能需要一个较长的时期。有迹象表明，目前这一市场上的客户对 P1 产品已经有所认同，需求也会比较旺盛。对于 P2 产品，客户将会谨慎地接受，但仍需要一段时间才能被市场所接受。对于新兴的技术，这一市场上的客户将会以观望为主，因此，对 P3 和 P4 产品的需求将会发展极慢。因为产品需求主要集中在低端产品，所以客户对于 ISO 国际认证的要求并不如其他几个市场那么高，但也不排除在后期会有这方面的需求。

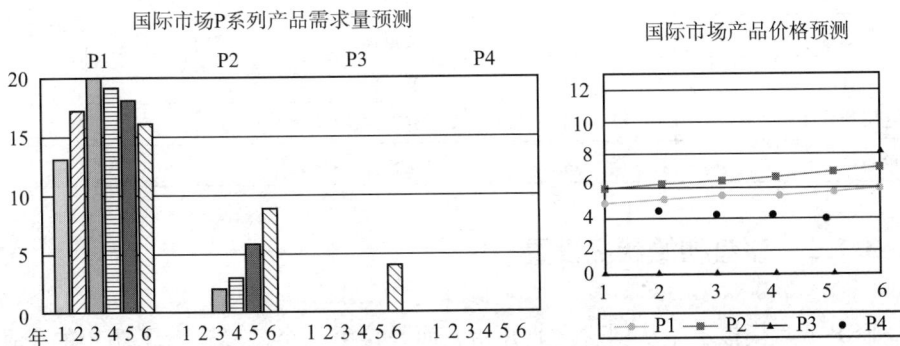

图 3 - 5　国际市场预测

3. 企业的财务状况。在上届决策者的带领下，企业取得了一定的成绩，其具体情况如表 3 – 1 和表 3 – 2 所示。

**表 3 – 1　　　　　　　　　　　　利润表**

| 项目 | 上年数 | 本年数 |
|---|---|---|
| 销售收入 | 35 | |
| 直接成本 | 12 | |
| 毛利 | 23 | |
| 综合费用 | 11 | |
| 折旧前利润 | 12 | |
| 折旧 | 4 | |
| 支付利息前利润 | 8 | |
| 财务收入/支出 | 4 | |
| 其他收入/支出 | | |
| 税前利润 | 4 | |
| 所得税 | 1 | |
| 净利润 | 3 | |

**表 3 – 2　　　　　　　　　　　　资产负债表**

| 资产 | 期初数 | 期末数 | 负债和所有者权益 | 期初数 | 期末数 |
|---|---|---|---|---|---|
| 流动资产： | | | 负债： | | |
| 现金 | 20 | | 长期借款 | 40 | |
| 应收款 | 15 | | 短期借款 | | |
| 在制品 | 8 | | 应付账款 | | |
| 成品 | 6 | | 应交税费 | 1 | |
| 原料 | 3 | | 一年内到期的长期借款 | | |
| 流动资产合计 | 52 | | 负债合计 | 41 | |
| 固定资产： | | | 所有者权益： | | |
| 土地和建筑 | 40 | | 股东资本 | 50 | |
| 机器与设备 | 13 | | 利润留存 | 11 | |
| 在建工程 | | | 年度净利 | 3 | |
| 固定资产合计 | 53 | | 所有者权益合计 | 64 | |
| 资产总计 | 105 | | 负债和所有者权益总计 | 105 | |

### 3.1.2　沙盘初始状况设置

ERP 沙盘模拟不是从创建企业开始，而是接手一个已经运营了两年的企业。虽然已经从基本情况描述中获得了企业运营的基本信息，但还需要把这些枯燥的数字活生生地再现到沙盘盘面上，由此为下一步的企业运营做好铺垫。通过初始状态设定，也使学员深刻地感受到财务数据与企业业务的直接相关性，理解财务数据是对企业运营情况的一种总结提炼，为今后"透过财务看经营"做好观念上的准备。下面我们按照步骤来设置我们的企业初始状态。

1. 流动资产。流动资产是企业在一年或一个营业周期内变现或者耗用的资产，它主要包括货币资金、短期投资、应收款项和存货等。在我们模拟的这个企业，流动资产分布如下（单位：1M = 1 000 000 元）：

（1）现金。沙盘上有现金一桶，共计 20M。

（2）应收款。沙盘上有应收款共计 15M，账期为 3 账期。

（3）在制品。沙盘上 4 条生产线上分别有在不同生产周期的 P1 在制品 1 个，每个价值 2M，共计 8M。

（4）成品。沙盘上企业成品库有 3 个 P1 产品已完工，每个价值 2M，共计 6M。

（5）原料。沙盘上企业原料库有 3 个 R1 原料，每个价值 1M，共计 3M。

综合以上五项，企业流动资产共计 52M。

2. 固定资产。固定资产是指使用期限较长、单位价值较高并且在使用过程中保持原有实物形态的资产。它包括房屋、建筑物、机器设备和运输设备等。在我们模拟的这个企业，固定资产分布如下：

（1）土地和建筑。目前，沙盘上企业拥有一个大厂房，价值计 40M。

（2）机器与设备。目前，沙盘上企业拥有手工生产线三条，每条原值 5M，净值为 3M；半自动生产线一条，原值 8M，净值 4M；因此，机器与设备价值共计 13M。

（3）在建工程。目前，企业没有在建工程，也就是说没有新生产线的投入或改建。

综合以上三项，企业流动资产共计 53M。

3. 负债。企业负债可分为短期借款和长期借款。所谓短期借款是指在一年内或超过一年的一个营业周期内需用流动资产或其他流动负债进行清偿的债务，而长期借款是指偿还期限在一年或者超过一年的一个营业周期以上的债务。在我们模拟的这个企业负债，分布如下：

（1）长期借款。目前，企业经营盘面上，有四年到期的长期借款 20M，五年到期的长期借款 20M，分别放置 2 个空桶来表示，因此，企业长期借款共计 40M。

（2）短期借款。目前，企业没有短期借款。

（3）应付账款。目前，企业没有应付账款。

（4）应交税费。根据纳税规则，目前企业有应交税费 1M。

综合以上四项，企业负债共计 41M。

4. 所有者权益。所有者权益是指企业投资者对企业资产的所有权，在数量上表现为企业资产减去负债后的差额。所有者权益表明企业的所有权关系，即企业归谁所有。在我们模拟的这个企业，所有者权益分布如下：

（1）股东资本。目前，企业股东资本为50M。

（2）利润流程。目前，企业利润留存为11M。

（3）年度净利润。本年度，企业净利润为3M。

综合以上三项，企业所有者权益共计64M。

经过所有初始状态的设置后，我们的沙盘盘面如图3－6所示。盘面包括内容：大厂房，价值40M；生产线4条，价值13M；成品库3P1，价值6M；生产线4P1，价值8M；原料库3R1，价值3M；现金，价值20M；应收款3Q，价值15M；长期借款4Q，价值20M，长期借款5Q，价值20M。

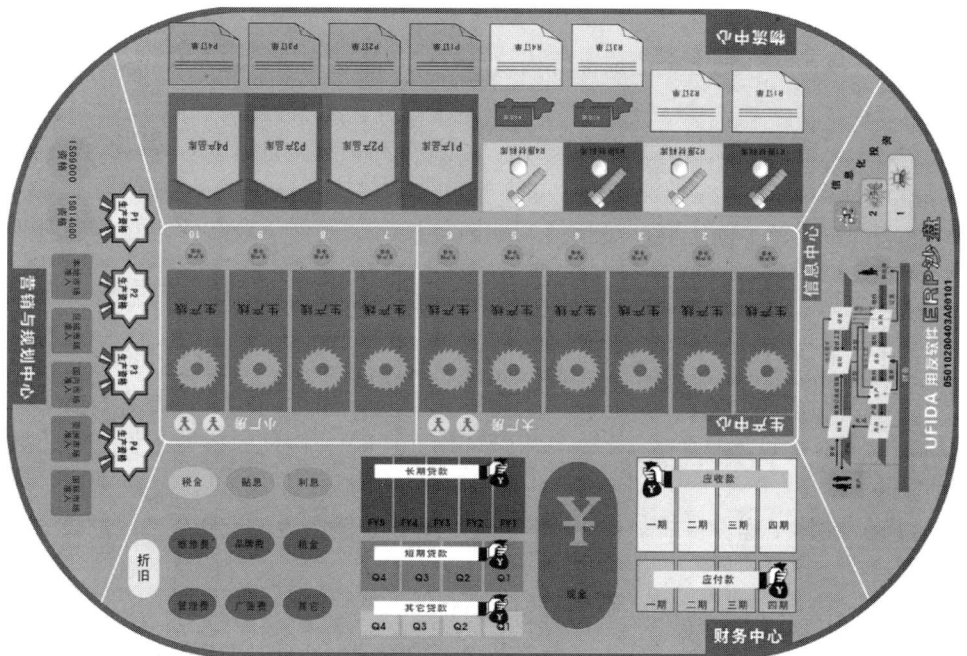

图3－6　沙盘盘面

### 3.1.3　模拟企业运营规则

企业的正常运营涉及筹资、投资、生产、营销、研发、物流等各个方面，受到来自各个方面条件的制约，企业要不断地提升自我赢得竞争，就必须熟练地掌握市场规则，并将其熟练的运用。所以在模拟经营决策之前，应该熟练掌握以下运营规则：

#### 3.1.3.1　市场开拓投资

1. 市场准入投资。市场划分与市场准入规则如表3－3所示。

**表 3 - 3**　　　　　　　　　　市场准入规则

| 市场 | 开拓费用 | 持续时间 |
| --- | --- | --- |
| 区域 | 1M | 1 年 |
| 国内 | 2M | 2 年 |
| 亚洲 | 3M | 3 年 |
| 国际 | 4M | 4 年 |

注：企业目前在本地市场经营，新市场包括区域、国内、亚洲、国际市场，不同市场投入的费用及时间不同，只有市场投入完成后方可在该市场投入广告选单，市场资格获准后仍需每年最少投入 1M 的市场维护费，否则视为放弃了该市场。

### 2. 市场认证投资。产品认证规则如表 3 - 4 所示。

**表 3 - 4**　　　　　　　　　　认证规则

| 管理体系 | ISO9000 | ISO1400 |
| --- | --- | --- |
| 建立时间 | ≥2 年 | ≥3 年 |
| 所需投资 | 1M/年 | 1M/年 |

注：①市场开发：市场开发投资按年度支付，允许同时开发多个市场，但每个市场每年最多投资为 1M，不允许加速投资，但允许中断，市场开发完成后持开发费用到指导教师处领取市场准入证，之后才允许进入该市场选单。
②ISO 认证：两项认证投资可同时进行或延期，相应投资完成后领取 ISO 资格，研发投资与认证投资计入当年综合费用。

## 3.1.3.2　生产线投资

生产线购买、转产与维护、出售规则如表 3 - 5 所示。

**表 3 - 5**　　　　　　　　　　生产线相关规则

| 生产线 | 买价 | 安装周期 | 生产周期 | 转产周期 | 转产费用 | 维护费用 | 出售残值 |
| --- | --- | --- | --- | --- | --- | --- | --- |
| 手工线 | 5M | 无 | 3Q | 无 | 无 | 1M/年 | 1M |
| 半自动 | 8M | 2Q | 2Q | 1Q | 1M | 1M/年 | 2M |
| 全自动 | 16M | 4Q | 1Q | 2Q | 4M | 1M/年 | 4M |
| 柔性线 | 24M | 4Q | 1Q | 无 | 无 | 1M/年 | 8M |

注：①所有生产线都能生产所有产品，所需支付的人工费均为 1M。
②购买：投资新生产线时按安装周期平均支付投资，全部投资到位的下一季度领取产品标识，开始生产。
③转产：现有生产线转产新产品时可能需要一定转产周期并支付一定的转产费用，最后一笔支付到期一个季度后方可更换产品标识。
④维护：当年在建的生产线和当年出售的生产线不用交维护费。
⑤出售：出售生产线时，如果生产线净值小于残值，将净值转换为现金，如果生产线净值大于残值，将相当于残值的部分转换为现金，如果生产线净值大于残值，将相当于残值的部分转换为现金，将差额部分作为费用处理（综合费用—其他）。
⑥折旧：每年按生产线净值的 1/3 取整计算折旧，当年建成的生产线不提折旧，当生产线净值小于 3M 时，每年提 1M 折旧。

### 3.1.3.3　厂房投资

厂房购买、租赁与出售规则如表3-6所示。

表3-6　　　　　　　　　　　　　　厂房规则

| 厂房 | 买价 | 租金 | 售价 | 容量 |
|---|---|---|---|---|
| 大厂房 | 40M | 5M/年 | 40M（4Q） | 6条生产线 |
| 小厂房 | 30M | 3M/年 | 30M（4Q） | 4条生产线 |

注：年底决定厂房是购买还是租赁，出售厂房计入4Q应收款，购买后将购买价放在厂房价值处，厂房不提折旧。

### 3.1.3.4　产品研发投资

产品研发规则如表3-7所示。

表3-7　　　　　　　　　　　　产品研发相关规则

| 产品 | P2 | P3 | P4 |
|---|---|---|---|
| 研发时间 | 6Q | 6Q | 6Q |
| 研发投资 | 6M | 12M | 18M |

注：新产品研发投资可以同时进行，按季度平均支付或延期，资金短缺时可以中断，但必须完成投资后方可接单生产。研发投资计入综合费用，研发投资完成后持全部投资换取产品生产资格证。

### 3.1.3.5　原料采购投资

产品原材料及成本构成规则如表3-8所示。

表3-8　　　　　　　　　　　　产品成本构成规则

| 产品 | 成本构成 | | | | 总成本 |
|---|---|---|---|---|---|
| P1 | 1M人工 | 1R1 | | | 2M |
| P2 | 1M人工 | 1R1 | 1R2 | | 3M |
| P3 | 1M人工 | 2R2 | 1R3 | | 4M |
| P4 | 1M人工 | 1R2 | 1R3 | 2R4 | 5M |

注：①R1红币，R2橙币，R3蓝币，R4为绿币均为原材料（假设成本价格与人工相同，均为1M）。
②1M即为100万，灰币代表。
③R1，R2提前一期下订单，R3、R4提前二期订单，到期方可取料。

### 3.1.3.6　资金筹集

融资贷款与资金贴现规则如表3-9所示。

表 3 - 9                                            资金规则

| 贷款类型 | 办理时间 | 最大额度 | 利息率 | 还本付息时间 | 贷/息 |
|---------|---------|---------|-------|------------|------|
| 长贷 5 年 | 年末 | 权益 2 倍 | 10% | 年底付息，到期还本 | 20M/2M |
| 短贷 1 年 | 季初 | 上年权益 2 倍 | 5% | 到期还本付息 | 20M/1M |
| 高利贷 | 随时 | | 20% | 到期还本付息 | 20M/1M |
| 资金贴现 | 随时 | 视为收款额 | 1：6 | 变现付息 | 1/6 现值 |

注：①长期贷款每年必须归还利息，到期还本，本利双清后，如果还有额度时，才允许重新申请贷款。即如果有贷款需要归还，同时还拥有贷款额度时，必须先归还到期的贷款，才能申请新贷款。不能以新贷还旧贷（续贷），短期贷款也按本规定执行。

②结束年时，不要求归还没有到期的各类贷款。

③长期贷款最多可贷 5 年。

④所有的贷款不允许提前还款。

### 3.1.3.7  广告竞单

（1）订货会一年只在年初召开一次。如果在该年年初的订货会上只拿到 2 张订单，那么在当年的经营过程中，再也没有获得其他订单的机会。

（2）广告费分市场、分产品投放，订单按市场、按产品发放。例如，企业拥有 P1、P2 的生产资格，在年初国内市场的订货会上只在 P1 上投入了广告费用，那么在竞单时，不能在国内市场上获得 P2 的订单。又如，订单发放时，先发放本地市场的订单，按 P1、P2、P3、P4 产品次序发放；再发放区域市场的订单，再按 P1、P2、P3、P4 产品次序发放。

（3）广告费每投入 1M，可获得一次拿单的机会，另外要获得下一张订单的机会，还需要再投入 2M，以此类推，每多投入 2M 就拥有多拿一张订单的机会。广告费用计算组合为（1 + 2n）M（其中 n 为整数）。例如，在本地市场上投入 7M 广告费，表示在本地市场上有 4 次拿单的机会，最多可以拿 4 张订单。但是，最终能拿到几张订单要取决于当年的市场需求和竞争状况。

（4）销售排名及市场老大规则。每年竞单完成后，根据某个市场的总订单销售额排出销售排名；排名第一的为市场老大，下年可以不参加该市场的选单排名而优先选单；其余的公司仍按选单排名方式确定选单顺序。P3 广告亚洲市场投放单如表 3 - 10 所示。

表 3 - 10                                        P3 广告投放单

| 公司 | P3 广告费 | ISO9000 | ISO14000 | 广告费总和 | 上年排名 |
|------|----------|---------|----------|-----------|---------|
| A | 1M | | | 1M | 1 |
| B | 2M | 1M | 1M | 4M | 2 |
| C | 2M | 1M | | 3M | 4 |
| D | 5M | | | 5M | 3 |

亚洲市场 P3 选单的顺序为：第一，由 A 公司选单。虽然 A 公司投入 P3 产品的广告费低于其余 3 家公司，但其上年在亚洲市场上的销售额排名第一，因此，不以其投入广告费的多少来选单，而直接优先选单。第二，由 D 公司选单。投入 P3 的广告费最高，为 5M。第三，由 B 公司选单。虽然 B 公司在 P3 的产品广告费上与 C 公司相同，但投入在亚洲市场上的总广告费用为 4M，而 C 公司投入国际市场上的总广告费用为 3M，因此，B 公司先于 C 公司选单。第四，由 C 公司选单。由于 C 公司投入的 P3 产品的广告费用与 B 公司相同，但在亚洲市场上的总广告费投入低于 B 公司，因此，后于 B 公司选单。

（5）选单排名顺序和流程。第一次以投入某个产品广告费用的多少产生该产品的选单顺序；如果该产品投入一样，按本次市场的广告总投入量（包括 ISO 的投入）进行排名；如果市场广告总投入量一样，按上年的该市场排名顺序排名；如果上年排名相同，采用竞标式选单，即把某一订单的销售价、账期去掉，按竞标公司所出的销售价和账期确定谁获得该订单（按出价低、账期长的顺序发单）。按选单顺序先选第一轮，每公司一轮，只能有一次机会，选择 1 张订单。第二轮按顺序再选，选单机会用完的公司则退出选单。P1 广告国际市场如（见表 3 – 11）和 P2 广告国际市场（见表 3 – 12）。

表 3 – 11　　　　　　　　　　P1 国际市场广告投放单

| 公司 | P1 广告费 | ISO9000 | ISO14000 | 广告费总和 | 上年排名 |
|---|---|---|---|---|---|
| A | 3M | | | 3M | 2 |
| B | 1M | 1M | | 4M | 3 |
| C | 1M | 1M | | 3M | 5 |
| D | | | | | 4 |
| E | | | | | 1 |

表 3 – 12　　　　　　　　　　P2 国际市场投放广告单

| 公司 | P2 广告费 | ISO9000 | ISO14000 | 广告费总和 | 上年排名 |
|---|---|---|---|---|---|
| A | | | | 3M | 2 |
| B | 1M | | | 4M | 3 |
| C | 1M | | | 3M | 5 |
| D | 1M | 1M | 1M | 3M | 4 |
| E | | | | | 1 |

国际市场 P1 选单的顺序为：第一，由 A 公司选单。在国际市场上，市场老大 E 公司没有投入 P1 产品的广告费，而 A 公司投入 P1 的广告费最高，为 3M。第二，由 B 公司选单。虽然 B 公司在 P1 的产品广告费上与 C 公司相同，但投入

在国际市场上的总广告费用为 4M，而 C 公司投入国际市场上的总广告费用为 3M，因此，B 公司先于 C 公司选单。第三，由 C 公司选单。由于 C 公司投入的 P1 产品的广告费用与 B 公司相同，但在国际市场上的总广告费投入低于 B 公司，因此，后于 B 公司选单。第四，由 A 公司再选单。A 公司投入 P1 产品的广告费组合为（1+2）M，因此，获得多一次的选单机会。

国际市场 P2 选单的顺序为：第一，由 B 公司选单。在国际市场上，市场老大 E 公司没有投入 P2 产品的广告费，虽然 B、C、D 公司在 P2 产品上投入的广告费用相同，但在国际市场上的总广告费投入 B 公司最高，因此，最先选单。第二，由 D 公司选单。虽然 D 公司在 P2 的产品广告费上与 C 公司相同，且在国际市场上的总广告费也与 C 公司相同，但在上年的经营过程中，D 公司排名第 3，C 公司排名第 4，因此，D 公司先于 C 公司选单。第三，由 C 公司选单。虽然 C 公司在 P2 的产品广告费上与 D 公司相同，且在国际市场上的总广告费也与 D 公司相同，但在上年的经营过程中，D 公司排名第 3，C 公司排名第 4，因此，后于 D 公司选单。

（6）订单种类。第一类为普通订单，在一年之内任何交货期均可交货，订单上的账期表示客户收货时货款的交付方式。例如，0 账期，表示采用现金付款；4 账期，表示客户付给企业的是 4 个季度的应收账款。订单样图如图 3-7 所示。第二类为加急订单，第 1 季度必须交货，若不按期交货，会受到相应的处罚。第三类为 ISO9000 或 ISO14000 订单，要求具有 ISO9000 或 ISO14000 资格，并且在市场广告上投放了 ISO9000 或 ISO14000 广告费的公司才可以拿单，且对该市场上的所有产品均有效。

| 第三年　本地市场　P2-1/4 | | |
| --- | --- | --- |
| 产品数量： | 2P2 | |
| 产品单价： | 8.5M/个 | |
| 总金额： | 17M | |
| 账期： | 4Q | |
| 普通（加急或 ISO） | | |

**图 3-7　订单**

（7）交货规则。必须按照订单规定的数量整单交货。

（8）违约处罚规则。所有订单必须在规定的期限内完成（按订单上的产品数量交货），即加急订单必须在第 1 季度交货，普通订单必须在本年度交货等；如果订单没有完成，按下列条款加以处罚。第一，下年市场地位下降一级（如果是市场第一的，则该市场第一空缺，所有公司均没有优先选单的资格）。第二，交货时扣除订单额 25%（取整）作为违约金。例如，A 公司在第 2 年时为本地市场的老大，且在本地市场上有一张订单总额为 20M，但由于产能计算失误，在第 2 年不能交货，则在参加第 3 年本地市场订货会时丧失市场老大的订单选择优先权，并且在第 3 年该订单必须首先交货，交货时需要扣除 5M（20M＊25％）的违约金，只能获得 15M 的货款。

### 3.1.3.8　破产规则

任一经营期内，当所有者权益小于零（资不抵债）和现金断流时为破产。破产后，企业仍可以继续经营，但必须严格按照产能争取订单（每次竞单前需要向裁判提交产能报告），严格按照明确的规定进行资金注入，破产的对抗参赛队伍不参加最后的成绩排名。

## 3.1.4　模拟企业运营流程

以用友 ERP 沙盘模拟课程为例，根据经营的先后顺序，我们把整个模拟经营过程分为九个阶段依次来循序渐进地了解沙盘实战模拟流程。

1. 模拟公司。首先，学员将以小组为单位建立模拟公司，注册公司名称，组建管理团队，参与模拟竞争。小组要根据每个成员的不同特点进行职能的分工，选举产生模拟企业的第一届总经理，确立组织愿景和使命目标。

2. 经营会议。当学员对模拟企业所处的宏观经济环境和所在行业特性基本了解之后，各公司总经理组织召开经营会议，依据公司战略安排，作出本期经营决策，制订各项经营计划，包括融资计划、生产计划、固定资产投资计划、采购计划、市场开发计划、市场营销方案。

3. 环境分析。任何企业的战略，都是针对一定的环境条件制定的。沙盘训练课程为模拟企业设置了全维的外部经营环境、内部运营参数和市场竞争规则。进行环境分析的目的就是要努力从近期在环境因素中所发生的重大事件里，找出对企业生存、发展前景具有较大影响的潜在因素，然后科学地预测其发展趋势，发现环境中蕴藏着的有利机会和主要威胁。

4. 竞争战略。各"公司"根据自己对未来市场预测和市场调研，本着长期利润最大化的原则，制定、调整企业战略，包括公司战略（大战略框架）、新产品开发战略、投资战略、新市场进入战略、竞争战略。

5. 经理发言。各职能部门经理通过对经营的实质性参与，加深了对经营的理解，体会到了经营短视的危害，树立起为未来负责的发展观，从思想深处构建起战略管理意识，管理的有效性得到显著提高。

6. 沟通交流。通过密集的团队沟通，充分体验交流式反馈的魅力，系统了解企业内部价值链的关系，认识到打破狭隘的部门分割，增强管理者全局意识的重要意义。深刻认识建设积极向上的组织文化的重要性。

7. 财务结算。一期经营结束之后，学员自己动手填报财务报表，盘点经营业绩，进行财务分析，通过数字化管理，提高经营管理的科学性和准确性，理解经营结果和经营行为的逻辑关系。

8. 业绩汇报。各公司在盘点经营业绩之后，围绕经营结果召开期末总结会议，由总经理进行工作述职，认真反思本期各个经营环节的管理工作和策略安排，以及团队协作和计划执行的情况。总结经验，吸取教训，改进管理，提高学员对市场竞争的把握和对企业系统运营的认识。

9. 分析点评。根据各公司期末经营状况，讲师对各公司经营中的成败因素深入剖析，提出指导性的改进意见，并针对本期存在的共性问题，进行高屋建瓴的案例分析与讲解。最后，讲师按照逐层递进的课程安排，引领学员进行重要知识内容的学习，使以往存在的管理误区得以暴露，管理理念得到梳理与更新，提高了洞察市场、理性决策的能力。

总之，沙盘模拟培训是全新的授课方式，学员是主体，老师是客体，学员通过运用学习到的管理知识亲自掌控模拟企业的经营决策，改进管理绩效，推动培训进程。讲师根据需要对学员进行必要的引导，适时启发学员思考，当学员陷入经营困境时提出建议，并对培训中的核心问题进行解析。学员就是通过对模拟经营的自主完整体验，以及在对模拟企业管理成功与失败的反思与总结中，感受企业运营规律，感悟经营管理真谛。学员得到的不再是空洞乏味的概念、理论，而极其宝贵的实践经验和深层次的领会与感悟。

## 3.2　模拟企业运营实录

在初次接触沙盘时，往往不知道该怎样在沙盘上操作，常常出现手忙脚乱的情况。本次任务目的在于结合企业运营规则，解决营运过程中的操作问题。首先，为了经营好企业，介绍沙盘企业在运营过程中年初应当做什么以及怎样做；其次，按流程分别介绍在运营过程中如何进行规范的操作，防止出现由于操作失误影响结果的情况；最后，介绍年末应当做的各项工作。

### 3.2.1　年初工作

一年之计在于春。在一年之初，企业应当谋划全年的经营，预测可能出现的问题和情况，分析可能面临的问题和困难，寻找解决问题的途径和办法，使企业未来的经营活动尽在掌控之中。为此，企业首先应当对各位业务主管召开新年度规划会议，初步制定企业本年度的投资规划，接着，营销总监参加一年一度的产品订货会，竞争本年度的销售订单；然后，根据销售订单情况，调整企业本年度的投资规划，制订本年度的工作计划，开始本年度的各项工作。

#### 3.2.1.1　新年度规划会议

常言道："预则立，不预则废。"在开始新的一年经营之前，CEO 应当召集各位业务主管召开新年度规划会议，根据各位主管掌握的信息和企业的实际情况，初步提出企业在新一年的各项投资规划，包括市场和认证开发、产品研发、设备投资、生产经营等规划。同时，为了能准确地在一年一度的产品订货会上争取销售订单，还应当根据规划，精确地计算出企业在该年的产品完工数量，确定企业的可接订单数量。

1. 新年度全面规划。新年度规划涉及企业在新的一年如何开展各项工作的问题。通过制定新年度规划，可以使各位业务主管做到在经营过程中胸有成竹，知道自己在什么时候该干什么，可以有效预防经营过程中决策的随意性和盲目性，减少经营失误；同时，在制定新年度规划时，各业务主管已经就各项投资决策达成了共识，可以使各项经营活动有条不紊地进行，可以有效提高团队的合作精神，鼓舞士气，提高团队的战斗力和向心力，使团队成员之间更加团结、协调、和谐。新年度全面规划内容涉及企业的发展战略规划、投资规划、生产规划和资金筹集规划等。要做出科学合理的规划，企业应当结合目前与未来的市场需求、竞争对手可能的策略以及本企业的实际情况进行。在进行规划时，企业首先应当对市场进行准确的预测，包括预测各个市场产品的需求状况和价格水平，预测竞争对手可能的目标市场和产能情况，预测各个竞争对手在新的一年的资金状况（资金的丰裕和不足将极大地影响企业的投资和生产），在此基础上，各业务主管提出新年度规划的初步设想，大家就此进行论证，之后，在权衡各方利弊得失后，做出企业新年度的初步规划。企业在进行新年度规划时，可以从以下方面展开。

（1）市场开拓规划。企业只有开拓了市场才能在该市场销售产品。企业拥有的市场决定了企业产品的销售渠道。开拓市场投入资金会导致企业当期现金的流出，增加企业当期的开拓费用，减少当期的利润。因此，企业在制定市场开拓规划时，应考虑当期的资金情况和所有者权益情况。只有在资金有保证，减少的利润不会对企业造成严重后果（如由于开拓市场增加费用而减少的利润使企业所有者权益为负数）时才能进行。在进行市场开拓规划时，企业应当明确几个问题：

● 企业的销售策略是什么？企业可能会考虑哪个市场产品价格高就进入哪个市场，也可能是哪个市场需求大就进入哪个市场，也可能两个因素都会考虑。企业应当根据销售策略明确需要开拓什么市场、开拓几个市场。

● 企业的目标市场是什么？企业应当根据销售策略和各个市场产品的需求状况、价格水平、竞争对手的情况等明确企业的目标市场。

● 什么时候开拓目标市场？在明确了企业的目标市场后，还涉及什么时候进入目标市场的问题，企业应当结合资金状况和产品生产情况明确企业目标市场的开拓时间。

（2）ISO 认证开发规划。企业只有取得 ISO 认证资格，才能在竞单时取得标有 ISO 条件的订单。不同的市场、不同的产品，不同的时期，对 ISO 认证的要求是不同的，不是所有的市场在任何时候对任何产品都有 ISO 认证要求。所以，企业应当对是否进行：ISO 认证开发进行决策。同样，要进行 ISO 认证，需要投入资金。如果企业决定进行 ISO 认证开发，也应当考虑对资金和所有者权益的影响。由于 ISO 认证开发是分期投入的，为此，在进行开发规划时，应当考虑以下几个问题。

开发何种认证？ISO 认证包括 ISO9000 认证和 ISO14000 认证。企业可以只开发其中的一种或者两种都开发。到底开发哪种，取决于企业的目标市场对 ISO 认证的要求，取决于企业的资金状况。

什么时候开发？认证开发可以配合市场对认证要求的时间来进行。企业可以从有关市场预测的资料中了解市场对认证的要求情况。一般而言，时间越靠后，市场对认证的要求会越高。企业如果决定进行认证开发，在资金和所有者权益许可的情况下，可以适当提前开发。

（3）产品研发投资规划。企业在经营前期，产品品种单一，销售收入增长缓慢。企业如果要增加收入，就必须多销售产品。而要多销售产品，除了销售市场要足够广泛之外，还必须要有多样化的产品，因为每个市场对单一产品的需求总是有限的。为此，企业需要做出是否进行新产品研发的决策。企业如果要进行新产品的研发，就需要投入资金，同样会影响当期现金流量和所有者权益。所以，企业在进行产品研发投资规划时，应当注意以下几个问题：

● 企业的产品策略是什么？由于企业可以研发的产品品种多样，企业需要做出研发哪几种产品的决策。由于资金、产能的原因，企业一般不同时研发所有的产品，而是根据市场的需求和竞争对手的情况，选择其中的一种或两种进行研发。

● 企业从什么时候开始研发哪些产品？企业决定要研发产品的品种后，需要考虑的就是什么时候开始研发以及研发什么产品的问题。不同的产品可以同时研发，也可以分别研发。企业可以根据市场、资金、产能、竞争对手的情况等方面来确定。

（4）设备投资规划。企业生产设备的数量和质量影响产品的生产能力。企业要提高生产能力，就必须对落后的生产设备进行更新，补充现代化的生产设备。要更新设备，需要用现金支付设备款，支付的设备款记入当期的在建工程，设备安装完成后，增加固定资产。所以，设备投资支付的现金不影响当期的所有者权益，但会影响当期的现金流量。正是因为设备投资会影响现金流量，所以，在设备投资时，应当重点考虑资金的问题，防止出现由于资金问题而使投资中断，或者投资完成后由于没有资金不得不停工待料等情况。企业在进行设备投资规划时，应当考虑以下问题：

● 新的一年，企业是否要进行设备投资？应当说，每个企业都希望扩大产能、扩充新生产线、改造落后的生产线，但是，要扩充或更新生产线涉及时机的问题。一般而言，企业如果资金充裕，未来市场容量大，企业就应当考虑进行设备投资，扩大产能。反之，就应当暂缓或不进行设备投资。

● 扩建或更新什么生产线？由于生产线有手工、半自动、全自动和柔性四种，这就涉及该选择什么生产线的问题。一般情况下，企业应当根据资金状况和生产线是否需要转产等做出决策。

● 扩建或更新几条生产线？如果企业决定扩建或更新生产线，还涉及具体的数量问题。扩建或更新生产线的数量，一般根据企业的资金状况、厂房内生产线位置的空置数量、新研发产品的完工时间等来确定。

● 什么时候扩建或更新生产线？如果不考虑其他因素，应该说生产线可以在流程规定的每个季度进行扩建或更新，但是，实际运作时，企业不得不考虑当时的资金状况、生产线完工后上线的产品品种、新产品研发完的时间等因素。一般而言，如果企业有新产品研发，生产线建成的时间最好与其一致（柔性和手工线除外），这样可以减少转产和空置的时间。从折旧的角度看，生产线的完工时间最好在某年的第 1 季度，这样可以相对减少折旧费用。

2. 确定可接订单的数量。在新年度规划会议以后，企业要参加一年一度的产品订货会。企业只有参加产品订货会，才能争取到当年的产品销售订单。在产品订货会上，企业要准确拿单，就必须准确计算出当年的产品完工数量，据此确定企业当年甚至每一个季度的可接订单数量。企业某年某产品可接订单数量的计算公式为：

某年某产品可接订单数量 = 年初该产品的库存量 + 本年该产品的完工数量

其中，年初产品的库存量可以从沙盘盘面的仓库中找到，也可以从营销总监的营运记录单中找到（实际工作中从有关账簿中找到）。这里，最关键的是确定本年产品的完工数量。

完工产品数量是生产部门通过排产来确定的。在沙盘企业中，生产总监根据企业现有生产线的生产能力，结合企业当期的资金状况确定产品上线时间，再根据产品的生产周期推算产品的下线时间，从而确定出每个季度、每条生产线产品的完工情况。为了准确测算产品的完工时间和数量，沙盘企业可以通过编制"产品生产计划"来进行。当然，企业也可以根据产品上线情况同时确定原材料的需求数量，这样，两者结合，既可确定产品的完工时间和完工数量，同时又可以确定每个季度原材料的需求量。我们举例介绍该计划的编制方法。企业某年年初有手工生产线、半自动生产线和全自动生产线各一条（全部空置），预计从第 1 季度开始在手工生产线上投产 P1 产品，在半自动和全自动生产线上投产 P2 产品（假设产品均已开发完成，可以上线生产；原材料能满足生产需要）。我们可以根据各生产线的生产周期编制产品生产及材料需求计划，企业从第 1 季度开始连续投产加工产品，第 1 年第 1 季度没有完工产品，第 2 季度完工 1 个 P2 产品，在第 3 季度完工 2 个 P2 产品，第 4 季度完工 1 个 P1 产品和 1 个 P2 产品。同时，我们还可以看出企业在每个季度原材料的需求数量。根据该生产计划提供的信息，营销总监可以据此确定可接订单数量，采购总监可以据此作为企业材料采购的依据。

需要注意的是，在编制"产品生产及材料需求计划"时，企业首先应明确产品在各条生产线上的投产时间，然后根据各生产线的生产周期推算每条生产线投产产品的完工时间，最后，将各条生产线完工产品的数量加总，得出企业在某一时期每种产品的完工数量。同样，依据生产与用料的关系，企业根据产品的投产数量可以推算出各种产品投产时需要投入的原材料数量，然后，将各条生产线上需要的原材料数量加总，可以得到企业在每个季度所需要的原材料数量。采购总监可以根据该信息确定企业需要采购什么、什么时间采购、采购多少等。

### 3.2.1.2　参加订货会、支付广告费、登记销售订单

销售产品必须要有销售渠道。对于沙盘企业而言，销售产品的唯一途径就是参加产品订货会，争取销售订单。参加产品订货会需要在目标市场投放广告费，只有投放了广告费，企业才有资格在该市场争取订单。

在参加订货会之前，企业需要分市场、分产品在"竞单表"上登记投放的广告费金额。"竞单表"是企业争取订单的唯一依据，也是企业当期支付广告费的依据，应当采取科学的态度，认真对待。

一般情况下，营销总监代表企业参加订货会，争取销售订单。但为了从容应对竞单过程中可能出现的各种复杂情况，企业也可由营销总监与 CEO 或采购总监一起参加订货会。竞单时，应当根据企业的可接订单数量选择订单，尽可能按企业的产能争取订单，使企业生产的产品在当年全部销售。应当注意的是，企业争取的订单一定不能突破企业的最大产能，否则，如果不能按期交单，将给企业带来巨大的损失。

沙盘企业中，广告费一般在参加订货会后一次性支付。所以，企业在投放广告时，应当充分考虑企业的支付能力。也就是说，投放的广告费一般不能突破企业年初未经营前现金库中的现金余额。

为了准确掌握销售情况，科学制订本年度工作计划，企业应将参加订货会争取的销售订单进行登记。拿回订单后，财务总监和营销总监分别在任务清单的"订单登记表"中逐一对订单进行登记。为了将已经销售和尚未销售的订单进行区分，营销总监在登记订单时，只登记订单号、销售数量、账期，暂时不登记销售额、成本和毛利，当产品销售时，再进行登记。

### 3.2.1.3　制订新年度计划

企业参加订货会取得销售订单后，已经明确了当年的销售任务。企业应当根据销售订单对前期制定的新年度规划进行调整，制订新年度工作计划。新年度工作计划是企业在新的一年为了开展各项经营活动而事先进行的工作安排，它是企业执行各项任务的基本依据。新年度工作计划一般包括投资计划、生产计划、销售计划、采购计划、资金筹集计划等。沙盘企业中，当企业取得销售订单后，企业的销售任务基本明确，已经不需要制订销售计划了。这样，企业的新年度计划主要围绕生产计划、采购计划和资金的筹集计划来进行。

为了使新年度计划更具有针对性和科学性，计划一般是围绕预算来制定的。预算可以将企业的经营目标分解为一系列具体的经济指标，使生产经营目标进一步具体化，并落实到企业的各个部门，这样企业的全体员工就有了共同努力的方向。沙盘企业中，通过编制预算，特别是现金预算，可以在企业经营之前预见经营过程中可能出现的现金短缺或盈余，便于企业安排资金的筹集和使用；同时，

通过预算，可以对企业的规划及时进行调整，防止出现由于资金断流而破产的情况。

现金预算，需要预计现金收入和现金支出。实际工作中，现金收入和支出只能进行合理的预计，很难进行准确的测算。沙盘企业中，现金收入相对比较单一，主要是销售产品收到的现金，可以根据企业的销售订单和预计交单时间准确地估算。现金支出主要包括投资支出、生产支出、采购材料支出、综合费用支出和日常管理费用支出等。这些支出可以进一步分为固定支出和变动支出两部分。固定支出主要是投资支出、综合费用支出、管理费用支出等，企业可以根据规则和企业的规划准确计算。变动支出是随产品生产数量的变化而变化的支出，主要是生产支出和材料采购支出。企业可以根据当年的生产线和销售订单情况安排生产，在此基础上通过编制"产品生产与材料需求计划"，准确地测算出每个季度投产所需要的加工费。同时，根据材料需求计划确定材料采购计划，准确确定企业在每个季度采购材料所需要的采购费用。这样，通过预计现金收入和现金支出，可以比较准确地预计企业现金的短缺或盈余。如果现金短缺，就应当想办法筹集资金，如果不能筹集资金，就必须调整规划或计划，减少现金支出。反之，如果现金有较多盈余，可以调整规划或计划，增加长期资产的投资，增强企业的后续发展实力。

实际工作中，企业要准确编制预算，首先应预计预算期产品的销售量，在此基础上编制销售预算，预计现金收入。之后，编制生产预算和费用预算，预计预算期的现金支出，最后编制现金预算。沙盘企业中，预算编制的程序与实际工作基本相同，但由于业务简化，可以采用简化的程序，即根据销售订单，先编制产品生产计划，再编制材料采购计划，最后编制现金预算。

1. 生产计划。沙盘企业中，编制生产计划的主要目的是为了确定产品投产的时间和投产的品种（当然也可以预计产品完工的时间），从而预计产品投产需要的加工费和原材料。生产计划主要包括产品生产及材料需求计划、开工计划、原材料需求计划等。

前面我们已经介绍过，企业在参加订货会之前，为了准确计算新年产品的完工数量，已经根据自己的生产线情况编制了"产品生产及材料需求计划"。但是，由于取得的销售订单可能与预计有差异，企业有时需要根据取得的销售订单对产品生产计划进行调整，为此，就需要重新编制该计划。然后，企业根据确定的新的"产品生产及材料需求计划"，编制"开工计划"和"材料需求计划"。

"开工计划"是生产总监根据"产品生产及材料需求计划"编制的，它将各条生产线产品投产数量按产品加总，将分散的信息集中在一起，可以直观看出企业在每个季度投产了哪些产品、分别有多少。同时，根据产品的投产数量，能准确确定出每个季度投产产品所需要的加工费。财务总监根据该计划提供的加工费信息，作为编制现金预算的依据之一。下面举例说明根据"产品生产及材料需求计划"编制该企业的"开工计划"。

假设从"产品生产及材料需求计划"可以看出，企业在第 1 季度投产 1 个

P1，2 个 P2，共计投产 3 个产品。根据规则，每个产品上线需投入加工费 1M，第 1 季度投产 3 个产品，需要 3M 的加工费。同样，企业根据产品投产数量可以推算出第 2、第 3、第 4 季度需要的加工费。

生产产品必须要有原材料，没有原材料，企业就无法进行产品生产。企业要保证材料的供应，就必须事先知道企业在什么时候需要什么材料、需要多少。企业可以根据"产品生产及材料需求计划"编制"材料需求计划"，确定企业在每个季度所需要的材料。"材料需求计划"可以直观反映企业在某一季度所需要的原材料数量，采购总监可以据此订购所需要的原材料，保证原材料的供应。

2. 材料采购计划。企业要保证材料的供应，必须提前订购材料。实际工作中，采购材料可能是现款采购，也可能是赊购。沙盘企业中，一般采用的是现款采购的规则。订购的材料到达企业时，必须支付现金。

材料采购计划相当于实际工作中企业编制的"直接材料预算"，它是以生产需求计划为基础编制的。在编制材料采购计划时，主要应当注意以下三个问题。

（1）订购的数量。订购材料的目的是为了保证生产的需要，如果订购过多，占用了资金，造成资金使用效率的下降；订购太少，不能满足生产的需要。所以，材料的订购数量应当以既能满足生产需要，又不造成资金的积压为原则，尽可能做到材料零库存。为此，应当根据原材料的需要量和原材料的库存数量来确定原材料的订购数量。

（2）订购的时间。一般情况下，企业订购的材料当季度不能入库，要在下一季度或下两个季度才能到达企业，为此，企业在订购材料时，应当考虑材料运输途中的时间，即材料提前订货期。

（3）采购材料付款的时间和金额。采购的材料一般在入库时付款，付款的金额就是材料入库应支付的金额，如果订购了材料，就必须按期购买。当期订购的材料不需要支付现金。

企业编制材料采购计划，可以明确企业订购材料的时间，采购总监可以根据该计划订购材料，防止多订、少订、漏订材料，保证生产的需要。同时，财务总监根据该计划可以了解企业采购材料的资金需要情况，及时纳入现金预算，保证资金的供应。

下面举例根据"材料需求计划"，采购总监编制该企业的材料采购计划。

假设从材料需求计划中可以看出，企业在每个季度都需要一定数量的 R1 和 R2 原材料，根据规则，R1 和 R2 材料的提前订货期均为一个季度，也就是说，企业需要提前一个季度订购原材料。例如，企业在本年第 1 季度需要 3 个 R1 和 2 个 R2，则必须在上年的第 4 季度订购。当上年第 4 季度订购的材料在本年第 1 季度入库时，需要支付材料款 5M。同样，企业可以推算在每个季度需要订购的原材料以及付款的金额。据此，采购总监编制材料采购计划。

3. 现金预算。企业在经营过程中，常常出现现金短缺的"意外"情况，正常经营不得不中断，搞得经营者焦头烂额。其实，仔细分析我们会发现，这种"意外"情况的发生不外乎两方面的原因：第一，企业没有正确编制预算，导致预算与实际严重脱节；第二，企业没有严格按计划进行经营，导致实际严重脱离预算。为了合理安排和筹集资金，企业在经营之前应当根据新年度计划编制现金预算。

现金预算是有关预算的汇总，由现金收入、现金支出、现金多余或不足、资金的筹集和运用四个部分组成。现金收入部分包括期初现金余额和预算期现金收入两部分构成。现金支出部分包括预算的各项现金支出。现金多余或不足是现金收入合计与现金支出合计的差额。差额为正，说明收入大于支出，现金有多余，可用于偿还借款或用于投资；差额为负，说明支出大于收入，现金不足，需要筹集资金或调整规划或计划，减少现金支出。资金的筹集和运用部分是当企业现金不足或富裕时，筹集或使用的资金。

沙盘企业中，企业取得销售订单后，现金收入基本确定。当企业当年的投资和主产计划确定后，企业的现金支出也基本确定，所以，企业应该能够通过编制现金预算准确预计企业经营期的现金多余或不足，可以有效预防"意外"情况的发生。如果企业通过编制现金预算发现资金短缺，而且通过筹资仍不能解决，则应当修订企业当年的投资和经营计划，最终使企业的资金满足需要。

"现金预算表"的格式有多种，可以根据实际需要自己设计。这里，我们介绍其中的一种，这种格式是根据沙盘企业的运营规则设计的。下面我们简要举例介绍"现金预算表"的编制。根据前面的资料，编制该企业该年度的现金预算表。假设该企业有关现金预算资料如下：

年初现金：18M；

上年应交税费：0；

支付广告费：8M；

应收款到期：第1季度15M，第2季度8M，第3季度8M，第4季度18M；

年末偿还长期贷款利息：4M；

年末支付设备维护费：2M。

投资规划：从第1季度开始连续开发P2和P3产品，开发国内和亚洲市场，同时进行ISO9000和ISO14000认证，从第3季度开始购买安装两条全自动生产线。产品生产及材料采购需要的资金见前面的"开工计划"和"材料采购计划"。我们可以根据该规划，并结合生产和材料采购计划，编制该企业的现金预算如表3-13所示。

表3-13　　　　　　　　　　　　　　现金预算

| 项目 | 第1季度 | 第2季度 | 第3季度 | 第4季度 |
|---|---|---|---|---|
| 期初库存现金 | 18 | 13 | 14 | 4 |
| 支付上年应交税款 | | | | |
| 市场广告投入 | 8 | | | |

续表

| 项目 | 第 1 季度 | 第 2 季度 | 第 3 季度 | 第 4 季度 |
|---|---|---|---|---|
| 支付短期贷款利息 | | | | |
| 支付到期短期贷款本金 | | | | |
| 支付到期的应付款 | | | | |
| 支付原材料采购现金 | 5 | 2 | 4 | 3 |
| 支付生产线投资 | | | 8 | 8 |
| 支付转产费用 | | | | |
| 支付产品加工费用 | 3 | 1 | 2 | 2 |
| 收到现金前的所有支出 | 16 | 3 | 14 | 13 |
| 应收款到期收到现金 | 15 | 8 | 8 | 18 |
| 支付产品研发投资 | 3 | 3 | 3 | 3 |
| 支付管理费 | 1 | 1 | 1 | 1 |
| 支付长期贷款利息 | | | | 4 |
| 偿还到期的长期贷款 | | | | |
| 支付设备维护费用 | | | | 2 |
| 支付租金 | | | | |
| 支付购买厂房费用 | | | | |
| 支付市场开拓费用 | | | | 2 |
| 支付 ISO 认证费 | | | | 2 |
| 其他 | | | | |
| 现金收入合计 | 15 | 8 | 8 | 18 |
| 现金支出合计 | 20 | 7 | 18 | 27 |
| 现金多余或不足 | 13 | 14 | | -5 |
| 向银行贷款 | | | | 20 |
| 贴现收到现金 | | | | |
| 期末现金余额 | 13 | 14 | 4 | 15 |

　　从编制的现金预算表可以看出，企业在第 1、2、3 季度收到现金前的支付都小于或等于期初的现金，而且期末现金都大于零，说明现金能满足需要。第 3 季度末，企业现金余额为 4，也就是说，第 4 季度期初库存现金为 4，但是，第 4 季度在收到现金前的现金支出为 13，小于可使用的资金，这样，企业必须在第 3 或第 4 季度初筹集资金。因为企业可以在每季度初借入短期借款，所以，企业应当在第 4 季度初贷入 20M 的短期贷款。

　　综上所述，企业为了合理组织和安排生产，在年初首先应当编制"产品生产及材料需求计划"，明确企业在计划期内根据产能所能生产的产品数量，营销总监可以根据年初库存的产品数量和计划年度的完工产品数量确定可接订单数量，并根据确定的可接订单数量参加产品订货会。订货会结束后，企业根据确定的计划年度产品销售数量安排生产。为了保证材料的供应，生产总监根据确定的生产计划编制"材料需求计划"，采购总监根据生产总监编制的"材料需求计划"编制"材料采购计划"。财务总监根据企业规划确定的费用预算、生产预算和材料需求预算编资金预算，明确企业在计划期内资金的使用和筹集。

#### 3.2.1.4 支付应付税

依法纳税是每个公民应尽的义务。企业在年初应支付上年应交的税金。企业按照上年资产负债表中"应交税费"项目的数值交纳税金。交纳税金时，财务总监从现金库中拿出相应现金放在沙盘"综合费用"的"税金"处，并在运营任务清单对应的方格内记录现金的减少数。

### 3.2.2 沙盘模拟日常运营

企业制定新一年度计划后，就可以按照运营规则和工作计划进行经营了。沙盘企业日常运营应当按照一定的流程来进行，这个流程就是任务清单。任务清单反映了企业在运行过程中的先后顺序，必须按照这个顺序进行。

为了对沙盘企业的日常运营有一个详细的了解，这里，我们按照任务清单的顺序，对日常运营过程中的操作要点进行介绍（任务清单见表3－14）。

表3－14　　　　企业运营任务清单（1～6年）

| 企业经营流程 请按顺序执行下列各项操作 | 每执行完一项操作，CEO请在相应的方格内打"√" 财务总监（助理）在方格中填写现金收支情况 | | | |
|---|---|---|---|---|
| 新年度规划会议 | | | | |
| 参加订货会/登记销售订单 | | | | |
| 制订新年度计划 | | | | |
| 支付应付税款 | | | | |
| 季初现金盘点（请填余额） | | | | |
| 更新短期贷款/还本付息/申请短期贷款（高利贷） | | | | |
| 更新应付款/归还应付款 | | | | |
| 原材料入库/更新原料订单 | | | | |
| 下原料订单 | | | | |
| 更新生产/完工入库 | | | | |
| 投资新生产线/变卖生产线/生产线转产 | | | | |
| 向其他企业购买原材料/出售原材料 | | | | |

续表

| 企业经营流程<br>请按顺序执行下列各项操作 | 每执行完一项操作，CEO 请在相应的方格内打"√"<br>财务总监（助理）在方格中填写现金收支情况 | | | |
|---|---|---|---|---|
| 开始下一批生产 | | | | |
| 更新应收款/应收款收现 | | | | |
| 出售厂房 | | | | |
| 向其他企业购买成品/出售成品 | | | | |
| 按订单交货 | | | | |
| 产品研发投资 | | | | |
| 支付行政管理费 | | | | |
| 其他现金收支情况登记 | | | | |
| 支付利息/更新长期贷款/申请长期贷款 | | | | |
| 支付设备维护费 | | | | |
| 支付租金/购买厂房 | | | | |
| 计提折旧 | | | | （　　） |
| 新市场开拓/ISO 资格认证投资 | | | | |
| 结账 | | | | |
| 现金收入合计 | | | | |
| 现金支出合计 | | | | |
| 期末现金对账（请填余额） | | | | |

### 3.2.2.1　季初盘点

为了保证账实相符，企业应当定期对企业的资产进行盘点。沙盘企业中，企业的资产主要包括现金、应收账款、原材料、在生产产品、产成品等流动资产以及在建工程、生产线、厂房等固定资产。盘点的方法主要采用实地盘点法，就是对沙盘盘面的资产逐一清点，确定出实有数，然后将任务清单上记录的余额与其核对，最终确定出余额。

盘点时，CEO 指挥、监督团队成员各司其职，认真进行。如果盘点的余额与账面数一致，各成员就将结果准确无误地填写在任务清单的对应位置。季初余额等于上一季度末余额，由于上一季度末刚盘点完毕，所以可以直接根据上一季度的季末余额填入。操作要点如下：

（1）财务总监。根据上一季度末的现金余额填写本季度初的现金余额。第 1季度现金账面余额的计算公式：

$$年初现金余额 = 上年年末库存现金 - 支付的本年广告费$$
$$- 支付上年应交的税金 + 其他收到的现金$$

（2）采购总监。根据上一季度末库存原材料数填写本季度初库存原材料。

（3）生产总监。根据上一季度末库存在产品数量填写本季度初在产品数量。

（4）营销总监。根据上一季度末产成品数量填写本季度初产成品数量。

（5）CEO。在监督各成员正确完成以上操作后，在运营任务清单对应的方格内打"√"。

### 3.2.2.2　更新短期贷款/还本付息/申请短期贷款（高利贷）

企业要发展，资金是保障。在经营过程中，如果缺乏资金，正常的经营可能都无法进行，更谈不上扩大生产和进行无形资产投资了。如果企业的经营活动正常，从长远发展的角度来看，应适度举债，"借鸡生蛋"。

沙盘企业中，企业筹集资金的方式主要是长期贷款和短期贷款。长期贷款主要是用于长期资产投资，如购买生产线、产品研发等，短期贷款主要解决流动资金不足的问题，两者应结合起来使用。短期贷款的借入、利息的支付和本金的归还都是在每个季度初进行的。其余时间要筹集资金，只能采取其他的方式，不能贷入短期贷款。操作要点如下：

（1）财务总监。

● 更新短期贷款。将短期借款往现金库方向推进一格，表示短期贷款离还款时间更接近。如果短期借款已经推进现金库，则表示该贷款到期，应还本付息。

● 还本付息。财务总监从现金库中拿出利息放在沙盘"综合费用"的"利息"处；拿出相当于应归还借款本金的现金到交易处偿还短期借款。

● 申请短期贷款。如果企业需要借入短期借款，则财务总监填写"公司贷款申请表"到交易处借款。短期借款借入后，放置一个空桶在短期借款的第四账期处，在空桶内放置一张借入该短期借款信息的纸条，并将现金放在现金库中。

● 记录。在"公司贷款登记表"上登记归还的本金金额；在任务清单对应的方格内记录偿还的本金、支付利息的现金减少数；登记借入短期借款增加的现金数。

（2）CEO。在监督财务总监正确完成以上操作后，在运营任务清单对应的方格内打"√"。

### 3.2.2.3　更新应付款/归还应付款

企业如果采用赊购方式购买原材料，就涉及应付账款。如果应付账款到期，必须支付货款。企业应在每个季度对应付款进行更新。操作要点如下：

（1）财务总监。

● 更新应付款。将应付款向现金库方向推进一格，当应付款到达现金库时，表示应付款到期，必须用现金偿还，不能延期。

● 归还应付款。从现金库中取出现金付清应付款。

● 记录：在任务清单对应的方格内登记现金的减少数。

（2）CEO。在监督财务总监正确完成以上操作后，在任务清单对应的方格内打"√"。本次实训的规则中不涉及应付款，不进行操作。直接在任务清单对应的方格内打"×"。

### 3.2.2.4　原材料入库/更新原料订单

企业只有在前期订购了原材料，在交易处登记了原材料采购数量的，才能购买原材料。每个季度，企业应将沙盘中的"原材料订单"向原材料仓库推进一格，表示更新原料订单。如果原材料订单本期已经推到原材料库，表示原材料已经到达企业，企业应验收入库材料，并支付相应的材料款。操作要点如下：

（1）采购总监。

● 购买原材料。持现金和"采购登记表"在交易处买回原材料后，放在沙盘对应的原材料库中。

● 记录。在"采购登记表"中登记购买的原材料数量，同时在任务清单对应的方格内登记入库的原材料数量。

● 如果企业订购的原材料尚未到期，则采购总监在任务清单对应的方格内打"√"。

（2）财务总监。

● 付材料款。从现金库中拿出购买原材料需要的现金交给采购总监。

● 记录。在运营任务清单对应的方格内填上现金的减少数。

（3）CEO。在监督财务总监和采购总监正确完成以上操作后，在任务清单对应的方格内打"√"。

### 3.2.2.5　下原料订单

企业购买原材料必须提前在交易处下原料订单，没有下订单不能购买。下原料订单不需要支付现金。操作要点如下：

（1）采购总监。

● 下原料订单。在"采购登记表"上登记订购的原材料品种和数量，在交易处办理订货手续；将从交易处取得的原材料采购订单放在沙盘的"原材料订单"处。

● 记录。在任务清单对应的方格内记录订购的原材料数量。

（2）CEO。在监督采购总监正确完成以上操作后，在任务清单对应的方格内打"√"。

### 3.2.2.6　更新生产/完工入库

一般情况下，产品加工时间越长，完工程度越高。企业应在每个季度更新生产。当产品完工后，应及时下线入库。操作要点如下：

（1）生产总监。

● 更新生产。将生产线上的在制品向前推一格。如果产品已经推到生产线以外，表示产品完工下线，将该产品放在产成品库对应的位置。

● 记录。在任务清单对应的方格内记录完工产品的数量。如果产品没有完工，则在运营任务清单对应的方格内打"√"。

（2）CEO。在监督生产总监正确完成以上操作后，在任务清单对应的方格内打"√"。

### 3.2.2.7 投资新生产线/变卖生产线/生产线转产

企业要提高产能，必须对生产线进行改造，包括新购、变卖和转产等。新购的生产线安置在厂房空置的生产线位置；如果没有空置的位置，必须先变卖生产线。变卖生产线的目的主要是出于战略的考虑，如将手工线换成全自动生产线等。如果生产线要转产，应当考虑转产周期和转产费。操作要点如下：

1. 投资新生产线。

（1）生产总监。

● 领取标识。在交易处申请新生产线标识，将标识翻转放置在某厂房空置的生产线位置，并在标识上面放置与该生产线安装周期期数相同的空桶，代表安装周期。

● 支付安装费。每个季度向财务总监申请建设资金，放置在其中的一个空桶内。每个空桶内都放置了建设资金，表明费用全部支付完毕，生产线在下一季度建设完成。在全部投资完成后的下一季度，将生产线标识翻转过来，领取产品标识，可以投入使用。

（2）财务总监。

● 支付生产线建设费。从现金库取出现金交给生产总监用于生产线的投资。

● 记录。在运营任务清单对应的方格内填上现金的减少数。

2. 变卖生产线。

（1）生产总监。

● 变卖。生产线只能按残值变卖。变卖时，将生产线及其产品生产标识交还给交易处，并将生产线的净值从"价值"处取出，将等同于变卖的生产线的残值部分交给财务总监，相当于变卖收到的现金。

● 净值与残值差额的处理。如果生产线净值大于残值，则将净值大于残值的差额部分放在"综合费用"的"其他"处，表示出售生产线的净损失。

（2）财务总监。

● 收现金。将变卖生产线收到的现金放在现金库。

● 记录。在运营任务清单对应的方格内记录现金的增加数。

3. 生产线转产。

（1）生产总监。

● 更换标识。持原产品标识在交易处更换新的产品生产标识，并将新的产品生产标识反扣在生产线的"产品标识"处，待该生产线转产期满可以生产产品时，再将该产品标识正面放置在"标识"处。

● 支付转产费。如果转产需要支付转产费，还应向财务总监申请转产费，将转产费放在"综合费用"的"转产费"处。

● 记录。正确完成以上全部操作后，在运营任务清单对应的方格内打
"√"；如果不做上面的操作，则在运营任务清单对应的方格内打"×"。

（2）财务总监。

● 支付转产费。如果转产需要转产费，将现金交给生产总监。

● 记录。在运营任务清单对应的方格内登记支付转产费而导致的现金减
少数。

（3）CEO。在监督生产总监正确完成以上操作后，在运营任务清单对应的方
内打"√"。如果不做上面的操作，则在运营任务清单对应的方格内打"×"。

### 3.2.2.8　向其他企业购买原材料/出售原材料

企业如果没有下原料订单，就不能购买材料。如果企业生产急需材料，又不
能从交易处购买，就只能从其他企业购买。当然，如果企业有暂时多余的材料，
也可以向其他企业出售，收回现金。

1. 向其他企业购买原材料。操作要点如下：

（1）采购总监。

● 谈判。在进行组间的原材料买卖时，首先双方要谈妥材料的交易价格，并
采取一手交钱一手交货的方式进行交易。

● 购买原材料。本企业从其他企业处购买原材料，首先从财务总监处申请购
买材料所需要的现金，买进材料后，将材料放进原材料库。应当注意的是，材料
的成本是企业从其他企业购买材料支付的价款，在计算产品成本时应按该成本作
为领用材料的成本。

● 记录。在任务清单对应的方格内填上购入的原材料数量，并记录材料的实
际成本。

（2）财务总监。

● 付款。将购买材料需要的现金交给采购总监。

● 记录。将购买原材料支付的现金数额记录在任务清单对应的方格内。

2. 向其他企业出售原材料。操作要点如下：

（1）采购总监。

● 出售原材料。首先从原材料库取出原材料，收到对方支付的现金后将原材
料交给购买方，并将现金交给财务总监。

● 记录。在任务清单对应的方格内填上因出售而减少的原材料数量。

（2）财务总监。

● 收现金。将出售材料收到的现金放进现金库。

● 交易收益的处理。如果出售原材料收到的现金超过购进原材料的成本，表
示企业取得了交易收益，财务总监应当将该收益记录在利润表的"其他收入/支
出"栏（为正数）。

● 记录。将出售原材料收到的现金数记录在任务清单对应的方格内。

（3）CEO。

● 在监督采购总监和财务总监正确完成以上操作后，在运营任务清单对应的方格内打"√"。如果不做上面的操作，则在运营任务清单对应的方格内打"×"。

### 3.2.2.9  开始下一批生产

企业如果有闲置的生产线，尽量安排生产。因为闲置的生产线仍然需要支付设备维护费、计提折旧，企业只有生产产品并将这些产品销售出去，这些固定费用才能得到弥补。操作要点如下：

（1）生产总监。

● 领用原材料。从采购总监处申请领取生产产品需要的原材料。

● 加工费。从财务总监处申请取得生产产品需要的加工费。

● 上线生产。将生产产品所需要的原材料和加工费放置在空桶中（一个空桶代表一个产品），然后将这些空桶放置在空置的生产线上，表示开始投入产品生产。

● 记录。在任务清单对应的方格内登记投产产品的数量。

（2）财务总监。

● 支付现金。审核生产总监提出的产品加工费申请后，将现金交给生产总监。

● 记录。在任务清单对应的方格内登记现金的减少数。

（3）采购总监。

● 发放原材料。根据生产总监的申请，发放生产产品所需要的原材料。

● 记录。在运营任务清单对应的方格内登记生产领用原材料导致原材料的减少数。

（4）CEO。在监督正确完成以上操作后，在任务清单对应的方格内打"√"。

### 3.2.2.10  更新应收款/应收款收现

沙盘企业中，企业销售产品一般收到的是"欠条"——应收款。每个季度，企业应将应收款向现金库方向推进一格，表示应收款账期的减少。当应收款被推进现金库时，表示应收款到期，企业应持应收款凭条到交易处领取现金。操作要点如下：

（1）财务总监。

● 更新应收款。将应收款往现金库方向推进一格。当应收款推进现金库时，表示应收款到期。

● 应收款收现。如果应收款到期，持"应收账款登记表"、任务清单和应收款凭条到交易处领回相应现金。

● 记录。在运营任务清单对应的方格内登记应收款到期收到的现金数。

（2）CEO。在监督正确完成以上操作后，在运营任务清单对应的方格内打"√"。

### 3.2.2.11　出售厂房

企业如果需要筹集资金，可以出售厂房。厂房按原值出售。出售厂房当期不能收到现金，只能收到一张 4 账期的应收款凭条。如果没有厂房，当期必须支付租金。操作要点如下：

（1）生产总监。

● 出售厂房。企业出售厂房时，将厂房价值拿到交易处，领回 40M 的应收款凭条，交给财务总监。

● 记录。在任务清单对应的方格内打"√"。

（2）财务总监。

● 收到应收款凭条。将收到的应收款凭条放置在沙盘应收款的 4Q 处。

● 记录。在"应收账款登记表"上登记收到的应收款金额和账期，在任务清单对应的方格内打"√"。

（3）CEO。在监督正确完成以上操作后，在任务清单对应的方格内打"√"。

### 3.2.2.12　向其他企业购买成品/出售成品

企业参加产品订货会时，如果取得的销售订单超过了企业最大生产能力，当年不能按订单交货，则构成违约，按规则将受到严厉的惩罚。为此，企业可以从其他企业购买产品来交单。当然，如果企业有库存积压的产品，也可以向其他企业出售。

1. 向其他企业购买产品。操作要点如下：

（1）营销总监。

● 谈判。在进行组间的产品买卖时，首先双方要谈妥产品的交易价格，并采取一手交钱一手交货的交易方式进行交易。

● 购买。从财务总监处申请取得购买产品所需要的现金，买进产品后，将产品放置在对应的产品库。注意：购进的产品成本应当是购进时支付的价款，在计算产品销售成本时应当按该成本计算。

● 记录。在任务清单对应的方格内记录购入的产品数量。

（2）财务总监。

● 付款。根据营销总监的申请，审核后，支付购买材料需要的现金。

● 记录。将购买产品支付的现金数记录在运营任务清单对应的方格内。

2. 向其他企业出售产品。操作要点如下：

（1）营销总监。

● 出售。从产品库取出产品，从对方取得现金后将产品交给购买方，并将现金交给财务总监。

● 记录。由于出售导致产品的减少，所以，营销总监应在运营任务清单对应的方格内填上因出售而减少的产品数量。

（2）财务总监。

• 收到现金。将出售产品收到的现金放进现金库。

• 出售收益的处理。如果出售产品多收到了现金，即组间交易出售产品价格高于购进产品的成本，表示企业取得了交易收益，应当在编制利润表时将该收益记录在利润表的"其他收入/支出"栏（为正数）。

• 记录。将出售产品收到的现金数记录在任务清单对应的方格内。

（3）CEO。在监督营销总监和财务总监正确完成以上操作后，在运营任务清单对应的方格内打"√"。如果不做上面的操作，则在运营任务清单对应的方格内打"×"。

### 3.2.2.13  按订单交货

企业只有将产品销售出去才能实现收入，也才能收回垫支的成本。产品生产出来后，企业应按销售订单交货。操作要点如下：

（1）营销总监。

• 销售。销售产品前，首先在"订单登记表"中登记销售订单的销售额，计算出销售成本和毛利之后，将销售订单和相应数量的产品拿到交易处销售。销售后，将收到的应收款凭条或现金交给财务总监。

• 记录。在完成上述操作后，在运营任务清单对应的方格内打"√"。如果不做上面的操作，则在任务清单对应的方格内打"×"。

（2）财务总监。

• 收到销货款。如果销售取得的是应收款凭条，则将凭条放在应收款相应的账期处；如果取得的是现金，则将现金放进现金库。

• 记录。如果销售产品收到的是应收款凭条，在"应收账款登记表"上登记应收款的金额；如果收到现金，在任务清单对应的方格内登记现金的增加数。

（3）CEO。在监督营销总监和财务总监正确完成以上操作后，在运营任务清单对应的方格内打"√"。如果不做上面的操作，则在运营任务清单对应的方格内打"×"。

### 3.2.2.14  产品研发投资

企业要研发新产品，必须投入研发费用。每季度的研发费用在季末一次性支付。当新产品研发完成，企业在下一季度可以投入生产。操作要点如下：

（1）营销总监。

• 研发投资。企业如果需要研发新产品，则从财务总监处申请取得研发所需要的现金，放置在产品研发对应位置的空桶内。如果产品研发投资完成，则从交易处领取相应产品的生产资格证放置在"生产资格"处。企业取得生产资格证后，从下一季度开始，可以生产该产品。

• 记录。在运营任务清单对应的方格内打"√"。

（2）财务总监。

- 支付研发费。根据营销总监提出的申请，审核后，用现金支付。
- 记录。如果支付了研发费，则在运营任务清单对应的方格内登记现金的减少数。

（3）CEO。在监督完成以上操作后，在运营任务清单对应的方格内打"√"。如果不做上面的操作，则在运营任务清单对应的方格内打"×"。

### 3.2.2.15　支付行政管理费

企业在生产经营过程中会发生诸如办公费、人员工资等管理费用。沙盘企业中，行政管理费在每季度末一次性支付 1M，无论企业经营情况好坏、业务量多少，都是固定不变的，这是与实际工作的差异之处。操作要点如下：

（1）财务总监。

- 支付管理费。每季度从现金库中取出 1M 现金放置在综合费用的"管理费"处。
- 记录。在任务清单对应的方格内登记现金的减少数。

（2）CEO。在监督完成以上操作后，在运营任务清单对应的方格内打"√"。

### 3.2.2.16　其他现金收支情况登记

企业在经营过程中可能会发生除上述外的其他现金收入或支出，企业应将这些现金收入或支出进行记录。操作要点如下：

（1）财务总监。

企业如果有其他现金增加和减少情况，则在运营任务清单对应的方格内登记现金的增加或减少数。

（2）CEO。在监督完成以上操作后，在运营任务清单对应的方格内打"√"。如果不做上面的操作，则在任务清单对应的方格内打"×"。

### 3.2.2.17　季末盘点

每季度末，企业应对现金、原材料、在产品和产成品进行盘点，并将盘点的数额与账面结存数进行核对，如果账实相符，则将该数额填写在任务清单对应的方格内。如果账实不符，则找出原因后再按照实际数额填写。

余额的计算公式为：

现金余额 = 季初余额 + 现金增加额 − 现金减少额

原材料库存余额 = 季初原材料库存数量 + 本期原材料增加数量 − 本期原材料减少数

在产品余额 = 季初在产品数量 + 本期在产品投产数量 − 本期完工产品数量

产成品余额 = 季初产成品数量 + 本期产成品完工数量 − 本期产成品销售数量

### 3.2.3 沙盘企业年末工作

企业日常经营活动结束后，年末进行各种账项的计算和结转，编制各种报表，计算当年的经营成果，反映当前的财务状况，并对当年经营情况进行分析总结。

#### 3.2.3.1 支付利息/更新长期贷款/申请长期贷款

企业为了发展，可能需要借入长期贷款。长期贷款主要是用于长期资产投资，如购买生产线、产品研发等。沙盘企业中，长期贷款只能在每年年末进行，贷款期限在一年以上，每年年末付息一次，到期还本。本年借入的长期借款到下年年末支付利息。操作要点如下：

（1）财务总监。支付利息。根据企业已经借入的长期借款计算本年应支付的利息，之后，从现金库中取出相应的利息放置在综合费用的"利息"处。

● 更新长期贷款。将长期借款往现金库推进一格，表示偿还期的缩短。如果长期借款已经被推至现金库中，表示长期借款到期，应持相应的现金和"贷款登记表"到交易处归还该借款。

● 申请长期贷款。持上年报表和"贷款申请表"到交易处，经交易处审核后发放贷款。收到贷款后，将现金放进现金库中；同时，放一个空桶在长期贷款对应的账期处，空桶内写一张注明贷款金额、账期和贷款时间的长期贷款凭条。如果长期贷款续贷，财务总监持上年报表和"贷款申请表"到交易处办理续贷手续。之后，同样放一个空桶在长期贷款对应的账期处，空桶内写一张注明贷款金额、账期和贷款时间的凭条。

● 记录。在任务清单对应的方格内登记因支付利息、归还本金导致的现金减少数，以及借入长期借款增加的现金数。

（2）CEO。在监督财务总监完成以上操作后，在运营任务清单对应的方格内打"√"。如果不做上面的操作，则在运营任务清单对应的方格内打"×"。

#### 3.2.3.2 支付设备维护费

设备使用过程中会发生磨损，要保证设备正常运转，就需要进行维护。设备维护会发生如材料费、人工费等维护费用。沙盘企业中，只有生产线需要支付维护费。年末，只要有生产线，无论是否生产，都应支付维护费。尚未安装完工的生产线不支付维护费。设备维护费每年年末一次性集中支付现金。操作要点如下：

（1）财务总监。

● 支付维护费。根据期末现有完工的生产线支付设备维护费。支付设备维护费时，从现金库中提取现金放在综合费用的"维护费"处。

● 记录。在任务清单对应的方格内登记现金的减少数。

（2）CEO。在监督财务总监完成以上操作后，在运营任务清单对应的方格内打"√"。

### 3.2.3.3 支付租金/购买厂房

企业要生产产品，必须要有厂房。厂房可以购买，也可以租用。年末，企业如果在使用没有购买的厂房，则必须支付租金；如果不支付租金，则必须购买厂房。操作要点如下：

（1）财务总监。

● 支付租金。从现金库中取出现金放在综合费用的"租金"处。

● 购买厂房。从现金库中取出购买厂房的现金放在厂房的"价值"处。

● 记录。在任务清单对应的方格内登记支付租金或购买厂房减少的现金数。

（2）CEO。在监督财务总监完成以上操作后，在运营任务清单对应的方格内打"√"。如果不做上面的操作，则在运营任务清单对应的方格内打"×"。

### 3.2.3.4 计提折旧

固定资产在使用过程中会发生损耗，导致价值降低，应对固定资产计提折旧。沙盘企业中，固定资产计提折旧的时间、范围和方法可以与实际工作一致，也可以采用简化的方法。本教材沙盘规则采用了简化的处理方法，与实际工作有一些差异。这些差异主要表现在：折旧在每年年末计提一次，计提折旧的范围仅仅限于生产线，折旧的方法采用直线法取整计算。在会计处理上，折旧费全部作为当期的期间费用，没有计入产品成本。操作要点如下：

（1）财务总监。

● 计提折旧。根据规则对生产线计提折旧。本教材采用的折旧规则是按生产线净值的1/3向下取整计算。例如，生产线的净值为10，折旧为3；净值为8，折旧为2。计提折旧时，根据计算的折旧额从生产线的"价值"处取出相应的金额放置在综合费用旁的"折旧"处。

● 记录。在运营任务清单对应的方格内登记折旧的金额。注意，在计算现金支出时，折旧不能计算在内，因为折旧并没有减少现金。

（2）CEO。在监督财务总监完成以上操作后，在运营任务清单对应的方格内打"√"。

### 3.2.3.5 新市场开拓/ISO 资格认证投资

企业要扩大产品的销路必须开发新市场。不同的市场开拓所需要的时间和费用是不相同的。同时，有的市场对产品有 ISO 资格认证要求，企业需要进行 ISO 资格认证投资。沙盘企业中，每年开拓市场和 ISO 资格认证的费用在年末一次性支付，记入当期的综合费用。操作要点如下：

（1）营销总监。

● 新市场开拓。从财务总监处申请开拓市场所需要的现金，放置在沙盘所开拓市场对应的位置。当市场开拓完成，年末持开拓市场的费用到交易处领取"市场准入"的标识，放置在对应市场的位置上。

● ISO 资格认证投资。从财务总监处申请：ISO 资格认证所需要的现金，放置在 ISO 资格认证对应的位置。当认证完成，年末持认证投资的费用到交易处领取"ISO 资格认证"标识，放置在沙盘对应的位置。

● 记录。进行了市场开拓或 ISO 认证投资后，在运营任务清单对应的方格内打"√"，否则，打"×"。

（2）财务总监。

● 支付费用。根据营销总监的申请，审核后，将市场开拓和 ISO 资格认证所需要的现金支付给营销总监。

● 记录。在任务清单对应的方格内记录现金的减少数。

（3）CEO。在监督营销总监和财务总监完成以上操作后，在运营任务清单对应的方格内打"√"。

### 3.2.3.6 编制报表

沙盘企业每年的经营结束后，应当编制相关会计报表，及时反映当年的财务和经营情况。在沙盘企业中，主要编制产品核算统计表、综合费用计算表、利润表和资产负债表。

1. 产品核算统计表。产品核算统计表（见表 3 - 15）是核算企业在经营期间销售各种产品情况的报表，它可以反映企业在某一经营期间产品销售数量、销售收入、产品销售成本和毛利情况，是编制利润表的依据之一。

产品核算统计表是根据企业的实际销售情况编制的，其数据来源于"订单登记表"（见表 3 - 16），企业在取得销售订单后，营销总监应及时登记订单情况，当产品实现销售后，应及时登记产品销售的销售额、销售成本，并计算该产品的毛利。年末，企业经营结束后，营销总监根据订单登记表，分产品汇总各种产品的销售数量、销售额、销售成本和毛利，并将汇总结果填列在"产品核算统计表"中。

之后，营销总监将"产品核算统计表"交给财务总监，财务总监根据"产品核算统计表"中汇总的数据，登记利润表中的"销售收入""直接成本""毛利"栏。

表 3 - 15                                      产品核算统计表

|  | P1 | P2 | P3 | P4 | 合计 |
|---|---|---|---|---|---|
| 数量 |  |  |  |  |  |
| 销售额 |  |  |  |  |  |
| 成本 |  |  |  |  |  |
| 毛利 |  |  |  |  |  |

**表 3 – 16**　　　　　　　　　　　　　　订单登记表

| 订单号 | | | | | | | | | 合计 |
|---|---|---|---|---|---|---|---|---|---|
| 市场 | | | | | | | | | |
| 产品 | | | | | | | | | |
| 数量 | | | | | | | | | |
| 账期 | | | | | | | | | |
| 销售额 | | | | | | | | | |
| 成本 | | | | | | | | | |
| 毛利 | | | | | | | | | |
| 未售 | | | | | | | | | |

2. 综合费用计算表。综合费用计算表（见表 3 – 17）是综合反映在经营期间发生的各种除产品生产成本、财务费用外的其他费用。根据沙盘上的"综合费用"处的支出进行填写。

**表 3 – 17**　　　　　　　　　　　　　　综合费用明细表

| 项目 | 金额 | 备注 |
|---|---|---|
| 管理费 | | |
| 广告费 | | |
| 维修费 | | |
| 租金 | | |
| 转产费 | | |
| 市场准入开拓 | | □区域　□国内　□亚洲　□国际 |
| ISO 资格认证 | | □ISO9000　□ISO14000 |
| 产品研发 | | P2（　　）　P3（　　　）　P4（　　　） |
| 其他 | | |
| 合计 | | |

综合费用计算表的填制方法如下：

• "管理费"项目根据企业当年支付的行政管理费填列。企业每季度支付 1M 的行政管理费，全年共支付行政管理费 4M。

• "广告费"项目根据企业当年年初的"广告登记表"中填列的广告费填列。

• "设备维修费"项目根据企业实际支付的生产线维修费填列。根据规则，只要生产线建设完工，不论是否生产，都应当支付维修费。

• "租金"项目根据企业支付的厂房租金填列。

● "转产费"根据企业生产线转产支付的转产费填列。

● "市场准入开拓"根据企业本年开发市场支付的开发费填列。为了明确开拓的市场,需要在"备注"栏本年开拓的市场前打"√"。

● "ISO 资格认证"项目根据企业本年度 ISO 认证开发支付的开发费填列。为了明确认证的种类,需要在"备注"栏本年认证的名称前打"√"。

● "产品研发"项目根据本年企业研发产品支付的研发费填列。为了明确产品研发的品种,应在"备注"栏产品的名称前打"√"。

● "其他"项目主要根据企业发生的其他支出填列,例如,出售生产线净值大于残值的部分等。

3. 利润表。利润表(见表 3 - 18)是反映企业一定期间经营状况的会计报表。利润表把一定期间内的营业收入与其同一期间相关的成本费用相配比,从而计算出企业一定时期的利润。通过编制利润表,可以反映企业生产经营的收益情况、成本耗费情况,表明企业生产经营成果。同时,通过利润表提供的不同时期的比较数字,可以分析企业利润的发展趋势和获利能力。

利润表的编制方法如下:

● 利润表中"上年数"栏反映各项目上年的实际发生数,根据上年利润表的"本年数"填列。利润表中"本年数"栏反映各项目本年的实际发生数,根据本年实际发生额的合计填列。

● "销售收入"项目,反映企业销售产品取得的收入总额。本项目应根据"产品核算统计表"填列。

● "直接成本"项目,反映企业本年已经销售产品的实际成本。本项目应根据"产品核算统计表"填列。

● "毛利"项目,反映企业销售产品实现的毛利。本项目是根据销售收入减去直接成本后的余额填列。

● "综合费用"项目反映企业本年发生的综合费用,根据"综合费用表"的合计数填列。

● "折旧前利润"项目反映企业在计提折旧前的利润,根据毛利减去综合费用后的余额填列。

● "折旧"反映企业当年计提的折旧额,根据当期计提的折旧额填列。

● "支付利息前的利润"项目反映企业支付利息前实现的利润,根据折旧前利润减去折旧后的余额填列。

● "财务收入/支出"项目反映企业本年发生的财务收入或者财务支出,如借款利息、贴息等。本项目根据沙盘上的"利息"填列。

● "其他收入/支出"项目反映企业其他业务形成的收入或者支出,如出租厂房取得的收入等。

● "税前利润"项目反映企业本年度实现的利润总额。本项目根据支付利息前的利润加财务收入减去财务支出,再加上其他收入减去其他支出后的余额填列。

● "所得税"项目反映企业本年应交纳的所得税费用，本项目根据税前利润除以 3 取整后的数额填列。

● "净利润"项目反映企业本年实现的净利润，本项目根据税前利润减去所得税后的余额填列。

表 3 – 18　　　　　　　　　　　　利润表

| 项目 | 上年数 | 本年数 |
|---|---|---|
| 销售收入 |  |  |
| 直接成本 |  |  |
| 毛利 |  |  |
| 综合费用 |  |  |
| 折旧前利润 |  |  |
| 折旧 |  |  |
| 支付利息前利润 |  |  |
| 财务收入/支出 |  |  |
| 其他收入/支出 |  |  |
| 税前利润 |  |  |
| 所得税 |  |  |
| 净利润 |  |  |

4. 资产负债表。资产负债表是（见表 3 – 19）反映企业某一特定日期财务状况的会计报表。它是根据"资产 = 负债 + 所有者权益"会计等式编制的。

从资产负债表的结构可以看出，资产负债表由期初数和期末数两个栏目组成。资产负债表的"期初数"栏各项目数字应根据上年年末资产负债表"期末数"栏内所列数字填列。

资产负债的"期末数"栏各项目主要是根据有关项目期末余额资料编制，其数据的来源主要通过以下几种方式取得：

● 资产类项目主要根据沙盘盘面的资产状况通过盘点后的实际金额填列。

● 负债类项目中的"长期借款"和"短期借款"根据沙盘上的长期借款和短期借款数额填列，如果有将于一年内到期的长期借款，应单独反映。

● "应交税费"项目根据企业本年度"利润表"中的"所得税"项目的金额填列。

● "所有者权益类"中的股东权益项目，如果本年股东没有增资的情况下，直接根据上年年末"利润表"中的"股东资本"项目填列，如果发生了增资，则为上年年末的股东资本加上本年度增资的资本。

● "利润留存"项目根据上年利润表中的"利润留存"和"年度净利"两个项目的合计数填列。

● "年度净利"项目根据"利润表"中的"净利润"项目填列。

表 3 - 19　　　　　　　　　　　资产负债表

| 资产 | 期初数 | 期末数 | 负债和所有者权益 | 期初数 | 期末数 |
|---|---|---|---|---|---|
| 流动资产： | | | 负债： | | |
| 库存现金 | | | 长期借款 | | |
| 应收账款 | | | 短期借款 | | |
| 在制品 | | | 应付账款 | | |
| 库存商品 | | | 应交税费 | | |
| 原材料 | | | 一年内到期的长期借款 | | |
| 流动资产合计 | | | 负债合计 | | |
| 固定资产： | | | 所有者权益： | | |
| 土地和建筑 | | | 股东资本（股本） | | |
| 机器与设备 | | | 利润留存 | | |
| 在建工程 | | | 年度净利 | | |
| 固定资产合计 | | | 所有者权益合计 | | |
| 资产总计 | | | 负债和所有者权益总计 | | |

### 3.2.3.7　结账

一年经营结束，年终要进行一次"盘点"，编制"综合管理费用明细表""资产负债表""利润表"。一经结账后，本年度的经营也就结束了，本年度所有的经营数据不能随意更改。结账后，在运营任务清单对应的方格内打"√"。

### 3.2.3.8　反思与总结

经营结束后，CEO 应召集团队成员对当年的经营情况进行分析，分析决策的成功与失误，分析经营的得与失，分析实际与计划的偏差及其原因等。记住：用心总结，用笔记录。沙盘模拟是训练思维的过程同时也应该成为锻炼动手能力的过程。

## 3.3　实训成绩的评定

《企业经营模拟沙盘教程》课程属于注重实验过程的课程，因此，其过程性考核要作为考核内容的主体，本套成绩评价体系力求真实反映学生的实际表现及最终收获。考核内容及方法参考如下：

### 3.3.1　日常考核（20分）

此部分占实验总成绩的20%，成绩评定参照《学生出勤考核规则》；指导教师不定时对学生的实验态度、实际出勤情况和实验表现以及操作情况、检查的情况进行评定。

### 3.3.2 沙盘模拟对抗实验考核 （50 分）

此部分占实验总成绩的 50%，其中成绩排名 10 分，经营记录全面 20 分，团队配合 10 分，运作规范 10 分，以上分数按每组实际表现加减。

### 3.3.3 手工沙盘任务记录 （30 分）

在企业模拟经营电子沙盘中，由 CEO 领导组内成员按照企业经营的流程进行操作，其中每年度的"企业经营流程"表由 CEO 填写。在每项工作完成后，由 CEO 在相应的方格内打钩确认，以示完成。如果涉及现金收支业务，则应在财务总监的协助下将现金收支的数额填写在相应方格内。

## 3.4 手工沙盘企业经营流程记录

手工沙盘企业经营流程记录如表 3 – 20 ~ 表 3 – 61 所示。

表 3 – 20 第 1 年

| 企业经营流程<br>请按顺序执行下列各项操作 | 每执行完一项操作，CEO 请在相应的方格内打"√"<br>财务总监（助理）在方格中填写现金收支情况 | | | |
|---|---|---|---|---|
| 新年度规划会议 | | | | |
| 参加订货会/登记销售订单 | | | | |
| 制订新年度计划 | | | | |
| 支付应付税 | | | | |
| 季初现金盘点（请填余额） | | | | |
| 更新短期贷款/还本付息/申请短期贷款（高利贷） | | | | |
| 更新应付款/归还应付款 | | | | |
| 原材料入库/更新原料订单 | | | | |
| 下原料订单 | | | | |
| 更新生产/完工入库 | | | | |
| 投资新生产线/变卖生产线/生产线转产 | | | | |
| 向其他企业购买原材料/出售原材料 | | | | |
| 开始下一批生产 | | | | |

| 企业经营流程<br>请按顺序执行下列各项操作 | 每执行完一项操作，CEO 请在相应的方格内打"√"<br>财务总监（助理）在方格中填写现金收支情况 | | | |
|---|---|---|---|---|
| 更新应收款/应收款收现 | | | | |
| 出售厂房 | | | | |
| 向其他企业购买成品/出售成品 | | | | |
| 按订单交货 | | | | |
| 产品研发投资 | | | | |
| 支付行政管理费 | | | | |
| 其他现金收支情况登记 | | | | |
| 支付利息/更新长期贷款/申请长期贷款 | | | | |
| 支付设备维护费 | | | | |
| 支付租金/购买厂房 | | | | |
| 计提折旧 | | | | （ ） |
| 新市场开拓/ISO 资格认证投资 | | | | |
| 结账 | | | | |
| 现金收入合计 | | | | |
| 现金支出合计 | | | | |
| 期末现金对账（请填余额） | | | | |

**表 3－21** 　　　　　　　　　　　　　　　现金预算表

| | 1 | 2 | 3 | 4 |
|---|---|---|---|---|
| 期初库存现金 | | | | |
| 支付上年应交税 | | | | |
| 市场广告投入 | | | | |
| 贴现费用 | | | | |
| 利息（短期贷款） | | | | |
| 支付到期短期贷款 | | | | |
| 原料采购支付现金 | | | | |
| 转产费用 | | | | |
| 生产线投资 | | | | |
| 工人工资 | | | | |
| 产品研发投资 | | | | |
| 收到现金前的所有支出 | | | | |

续表

| | 1 | 2 | 3 | 4 |
|---|---|---|---|---|
| 应收款到期 | | | | |
| 支付管理费用 | | | | |
| 利息（长期贷款） | | | | |
| 支付到期长期贷款 | | | | |
| 设备维护费用 | | | | |
| 租金 | | | | |
| 购买新建筑 | | | | |
| 市场开拓投资 | | | | |
| ISO 认证投资 | | | | |
| 其他 | | | | |
| 库存现金余额 | | | | |

要点记录：

第 1 季度：_____

第 2 季度：_____

第 3 季度：_____

第 4 季度：_____

年度总结：_____

表 3－22　　　　　　　　　　订单登记表

| 订单号 | | | | | | | | | 合计 |
|---|---|---|---|---|---|---|---|---|---|
| 市场 | | | | | | | | | |
| 产品 | | | | | | | | | |
| 数量 | | | | | | | | | |
| 账期 | | | | | | | | | |
| 销售额 | | | | | | | | | |
| 成本 | | | | | | | | | |
| 毛利 | | | | | | | | | |
| 未售 | | | | | | | | | |

**表 3 – 23**　　　　　　　　　　　　　　**产品核算统计表**

|  | P1 | P2 | P3 | P4 | 合计 |
|---|---|---|---|---|---|
| 数量 |  |  |  |  |  |
| 销售额 |  |  |  |  |  |
| 成本 |  |  |  |  |  |
| 毛利 |  |  |  |  |  |

**表 3 – 24**　　　　　　　　　　　　**综合管理费用明细表**　　　　　　　单位：百万

| 项目 | 金额 | 备注 |
|---|---|---|
| 管理费 |  |  |
| 广告费 |  |  |
| 维修费 |  |  |
| 租金 |  |  |
| 转产费 |  |  |
| 市场准入开拓 |  | □区域　□国内　□亚洲　□国际 |
| ISO 资格认证 |  | □ISO9000　　□ISO14000 |
| 产品研发 |  | P2（　　）　P3（　　）　P4（　　） |
| 其他 |  | . |
| 合计 |  |  |

**表 3 – 25**　　　　　　　　　　　　　　**利润表**

| 项目 | 上年数 | 本年数 |
|---|---|---|
| 销售收入 |  |  |
| 直接成本 |  |  |
| 毛利 |  |  |
| 综合费用 |  |  |
| 折旧前利润 |  |  |
| 折旧 |  |  |
| 支付利息前利润 |  |  |
| 财务收入/支出 |  |  |
| 其他收入/支出 |  |  |
| 税前利润 |  |  |
| 所得税费用 |  |  |
| 净利润 |  |  |

表 3 – 26　　　　　　　　　　　　　　　　资产负债表

| 资产 | 期初数 | 期末数 | 负债和所有者权益 | 期初数 | 期末数 |
|---|---|---|---|---|---|
| 流动资产： | | | 负债： | | |
| 库存现金 | | | 长期借款 | | |
| 应收账款 | | | 短期借款 | | |
| 在制品 | | | 应付账款 | | |
| 库存商品 | | | 应交税费 | | |
| 原材料 | | | 一年内到期的长期借款 | | |
| 流动资产合计 | | | 负债合计 | | |
| 固定资产： | | | 所有者权益： | | |
| 土地和建筑 | | | 股东资本（股本） | | |
| 机器与设备 | | | 利润留存 | | |
| 在建工程 | | | 年度净利 | | |
| 固定资产合计 | | | 所有者权益合计 | | |
| 资产总计 | | | 负债和所有者权益总计 | | |

表 3 – 27　　　　　　　　　　　　　　　　第 2 年

| 企业经营流程<br>请按顺序执行下列各项操作 | 每执行完一项操作，CEO 请在相应的方格内打"√"<br>财务总监（助理）在方格中填写现金收支情况 | | | |
|---|---|---|---|---|
| 新年度规划会议 | | | | |
| 参加订货会/登记销售订单 | | | | |
| 制订新年度计划 | | | | |
| 支付应付税 | | | | |
| 季初现金盘点（请填余额） | | | | |
| 更新短期贷款/还本付息/申请短期贷款（高利贷） | | | | |
| 更新应付款/归还应付款 | | | | |
| 原材料入库/更新原料订单 | | | | |
| 下原料订单 | | | | |
| 更新生产/完工入库 | | | | |
| 投资新生产线/变卖生产线/生产线转产 | | | | |
| 向其他企业购买原材料/出售原材料 | | | | |
| 开始下一批生产 | | | | |
| 更新应收款/应收款收现 | | | | |
| 出售厂房 | | | | |

续表

| 企业经营流程<br>请按顺序执行下列各项操作 | 每执行完一项操作，CEO 请在相应的方格内打"√"<br>财务总监（助理）在方格中填写现金收支情况 | | | | |
|---|---|---|---|---|---|
| 向其他企业购买成品/出售成品 | | | | | |
| 按订单交货 | | | | | |
| 产品研发投资 | | | | | |
| 支付行政管理费 | | | | | |
| 其他现金收支情况登记 | | | | | |
| 支付利息/更新长期贷款/申请长期贷款 | | | | | |
| 支付设备维护费 | | | | | |
| 支付租金/购买厂房 | | | | | |
| 计提折旧 | | | | | （　） |
| 新市场开拓/ISO 资格认证投资 | | | | | |
| 结账 | | | | | |
| 现金收入合计 | | | | | |
| 现金支出合计 | | | | | |
| 期末现金对账（请填余额） | | | | | |

**表 3 - 28**　　　　　　　　　　**现金预算表**

| | 1 | 2 | 3 | 4 |
|---|---|---|---|---|
| 期初库存现金 | | | | |
| 支付上年应交税 | | | | |
| 市场广告投入 | | | | |
| 贴现费用 | | | | |
| 利息（短期贷款） | | | | |
| 支付到期短期贷款 | | | | |
| 原料采购支付现金 | | | | |
| 转产费用 | | | | |
| 生产线投资 | | | | |
| 工人工资 | | | | |
| 产品研发投资 | | | | |
| 收到现金前的所有支出 | | | | |
| 应收款到期 | | | | |
| 支付管理费用 | | | | |

续表

| | 1 | 2 | 3 | 4 |
|---|---|---|---|---|
| 利息（长期贷款） | | | | |
| 支付到期长期贷款 | | | | |
| 设备维护费用 | | | | |
| 租金 | | | | |
| 购买新建筑 | | | | |
| 市场开拓投资 | | | | |
| ISO 认证投资 | | | | |
| 其他 | | | | |
| 库存现金余额 | | | | |

要点记录：

第 1 季度：＿＿＿＿＿＿＿＿＿＿＿＿＿＿＿＿＿＿＿＿＿＿＿＿＿＿＿

第 2 季度：＿＿＿＿＿＿＿＿＿＿＿＿＿＿＿＿＿＿＿＿＿＿＿＿＿＿＿

第 3 季度：＿＿＿＿＿＿＿＿＿＿＿＿＿＿＿＿＿＿＿＿＿＿＿＿＿＿＿

第 4 季度：＿＿＿＿＿＿＿＿＿＿＿＿＿＿＿＿＿＿＿＿＿＿＿＿＿＿＿

年度总结：＿＿＿＿＿＿＿＿＿＿＿＿＿＿＿＿＿＿＿＿＿＿＿＿＿＿＿

表 3 - 29　　　　　　　　　订单登记表

| 订单号 | | | | | | | | | | 合计 |
|---|---|---|---|---|---|---|---|---|---|---|
| 市场 | | | | | | | | | | |
| 产品 | | | | | | | | | | |
| 数量 | | | | | | | | | | |
| 账期 | | | | | | | | | | |
| 销售额 | | | | | | | | | | |
| 成本 | | | | | | | | | | |
| 毛利 | | | | | | | | | | |
| 未售 | | | | | | | | | | |

表 3 - 30　　　　　　　　　产品核算统计表

| | P1 | P2 | P3 | P4 | 合计 |
|---|---|---|---|---|---|
| 数量 | | | | | |
| 销售额 | | | | | |
| 成本 | | | | | |
| 毛利 | | | | | |

表 3-31　　　　　　　　　　　综合管理费用明细表　　　　　　　　　单位：百万

| 项目 | 金额 | 备注 |
|---|---|---|
| 管理费 | | |
| 广告费 | | |
| 维修费 | | |
| 租金 | | |
| 转产费 | | |
| 市场准入开拓 | | □区域　□国内　□亚洲　□国际 |
| ISO 资格认证 | | □ISO9000　　　□ISO14000 |
| 产品研发 | | P2（　　）　　P3（　　）　　P4（　　） |
| 其他 | | |
| 合计 | | |

表 3-32　　　　　　　　　　　利润表

| 项目 | 上年数 | 本年数 |
|---|---|---|
| 销售收入 | | |
| 直接成本 | | |
| 毛利 | | |
| 综合费用 | | |
| 折旧前利润 | | |
| 折旧 | | |
| 支付利息前利润 | | |
| 财务收入/支出 | | |
| 其他收入/支出 | | |
| 税前利润 | | |
| 所得税 | | |
| 净利润 | | |

表 3 – 33　　　　　　　　　　　　　　　资产负债表

| 资产 | 期初数 | 期末数 | 负债和所有者权益 | 期初数 | 期末数 |
|---|---|---|---|---|---|
| 流动资产： | | | 负债： | | |
| 库存现金 | | | 长期借款 | | |
| 应收账款 | | | 短期借款 | | |
| 在制品 | | | 应付账款 | | |
| 库存商品 | | | 应交税费 | | |
| 原材料 | | | 一年内到期的长期借款 | | |
| 流动资产合计 | | | 负债合计 | | |
| 固定资产： | | | 所有者权益： | | |
| 土地和建筑 | | | 股东资本（股本） | | |
| 机器与设备 | | | 利润留存 | | |
| 在建工程 | | | 年度净利 | | |
| 固定资产合计 | | | 所有者权益合计 | | |
| 资产总计 | | | 负债和所有者权益总计 | | |

表 3 – 34　　　　　　　　　　　　　　　第 3 年

| 企业经营流程<br>请按顺序执行下列各项操作 | 每执行完一项操作，CEO 请在相应的方格内打"√"<br>财务总监（助理）在方格中填写现金收支情况 | | | |
|---|---|---|---|---|
| 新年度规划会议 | | | | |
| 参加订货会/登记销售订单 | | | | |
| 制订新年度计划 | | | | |
| 支付应付税 | | | | |
| 季初现金盘点（请填余额） | | | | |
| 更新短期贷款/还本付息/申请短期贷款（高利贷） | | | | |
| 更新应付款/归还应付款 | | | | |
| 原材料入库/更新原料订单 | | | | |
| 下原料订单 | | | | |
| 更新生产/完工入库 | | | | |
| 投资新生产线/变卖生产线/生产线转产 | | | | |
| 向其他企业购买原材料/出售原材料 | | | | |
| 开始下一批生产 | | | | |
| 更新应收款/应收款收现 | | | | |
| 出售厂房 | | | | |

续表

| 企业经营流程<br>请按顺序执行下列各项操作 | 每执行完一项操作，CEO请在相应的方格内打"√"<br>财务总监（助理）在方格中填写现金收支情况 | | | | |
|---|---|---|---|---|---|
| 向其他企业购买成品/出售成品 | | | | | |
| 按订单交货 | | | | | |
| 产品研发投资 | | | | | |
| 支付行政管理费 | | | | | |
| 其他现金收支情况登记 | | | | | |
| 支付利息/更新长期贷款/申请长期贷款 | | | | | |
| 支付设备维护费 | | | | | |
| 支付租金/购买厂房 | | | | | |
| 计提折旧 | | | | | （　） |
| 新市场开拓/ISO资格认证投资 | | | | | |
| 结账 | | | | | |
| 现金收入合计 | | | | | |
| 现金支出合计 | | | | | |
| 期末现金对账（请填余额） | | | | | |

表 3－35　　　　　　　　　　现金预算表

| | 1 | 2 | 3 | 4 |
|---|---|---|---|---|
| 期初库存现金 | | | | |
| 支付上年应交税 | | | | |
| 市场广告投入 | | | | |
| 贴现费用 | | | | |
| 利息（短期贷款） | | | | |
| 支付到期短期贷款 | | | | |
| 原料采购支付现金 | | | | |
| 转产费用 | | | | |
| 生产线投资 | | | | |
| 工人工资 | | | | |
| 产品研发投资 | | | | |
| 收到现金前的所有支出 | | | | |
| 应收款到期 | | | | |
| 支付管理费用 | | | | |

续表

| | 1 | 2 | 3 | 4 |
|---|---|---|---|---|
| 利息（长期贷款） | | | | |
| 支付到期长期贷款 | | | | |
| 设备维护费用 | | | | |
| 租金 | | | | |
| 购买新建筑 | | | | |
| 市场开拓投资 | | | | |
| ISO 认证投资 | | | | |
| 其他 | | | | |
| 库存现金余额 | | | | |

要点记录：

第 1 季度：＿＿＿＿＿＿＿＿＿＿＿＿＿＿＿＿＿＿＿

第 2 季度：＿＿＿＿＿＿＿＿＿＿＿＿＿＿＿＿＿＿＿

第 3 季度：＿＿＿＿＿＿＿＿＿＿＿＿＿＿＿＿＿＿＿

第 4 季度：＿＿＿＿＿＿＿＿＿＿＿＿＿＿＿＿＿＿＿

年度总结：＿＿＿＿＿＿＿＿＿＿＿＿＿＿＿＿＿＿＿

表 3－36　　　　　订单登记表

| 订单号 | | | | | | | | | 合计 |
|---|---|---|---|---|---|---|---|---|---|
| 市场 | | | | | | | | | |
| 产品 | | | | | | | | | |
| 数量 | | | | | | | | | |
| 账期 | | | | | | | | | |
| 销售额 | | | | | | | | | |
| 成本 | | | | | | | | | |
| 毛利 | | | | | | | | | |
| 未售 | | | | | | | | | |

表 3 - 37 产品核算统计表

|  | P1 | P2 | P3 | P4 | 合计 |
|---|---|---|---|---|---|
| 数量 |  |  |  |  |  |
| 销售额 |  |  |  |  |  |
| 成本 |  |  |  |  |  |
| 毛利 |  |  |  |  |  |

表 3 - 38 综合管理费用明细表 单位：百万

| 项目 | 金额 | 备注 |
|---|---|---|
| 管理费 |  |  |
| 广告费 |  |  |
| 维修费 |  |  |
| 租金 |  |  |
| 转产费 |  |  |
| 市场准入开拓 |  | □区域 □国内 □亚洲 □国际 |
| ISO 资格认证 |  | □ISO9000 □ISO14000 |
| 产品研发 |  | P2（ ） P3（ ） P4（ ） |
| 其他 |  |  |
| 合计 |  |  |

表 3 - 39 利润表

| 项目 | 上年数 | 本年数 |
|---|---|---|
| 销售收入 |  |  |
| 直接成本 |  |  |
| 毛利 |  |  |
| 综合费用 |  |  |
| 折旧前利润 |  |  |
| 折旧 |  |  |
| 支付利息前利润 |  |  |
| 财务收入/支出 |  |  |
| 其他收入/支出 |  |  |
| 税前利润 |  |  |
| 所得税 |  |  |
| 净利润 |  |  |

表 3 – 40 资产负债表

| 资产 | 期初数 | 期末数 | 负债和所有者权益 | 期初数 | 期末数 |
|---|---|---|---|---|---|
| 流动资产： | | | 负债： | | |
| 库存现金 | | | 长期借款 | | |
| 应收账款 | | | 短期借款 | | |
| 在制品 | | | 应付账款 | | |
| 库存商品 | | | 应交税费 | | |
| 原材料 | | | 一年内到期的长期借款 | | |
| 流动资产合计 | | | 负债合计 | | |
| 固定资产： | | | 所有者权益： | | |
| 土地和建筑 | | | 股东资本（股本） | | |
| 机器与设备 | | | 利润留存 | | |
| 在建工程 | | | 年度净利 | | |
| 固定资产合计 | | | 所有者权益合计 | | |
| 资产总计 | | | 负债和所有者权益总计 | | |

表 3 – 41 第 4 年

| 企业经营流程<br>请按顺序执行下列各项操作 | 每执行完一项操作，CEO 请在相应的方格内打"√"<br>财务总监（助理）在方格中填写现金收支情况 | | | |
|---|---|---|---|---|
| 新年度规划会议 | | | | |
| 参加订货会/登记销售订单 | | | | |
| 制订新年度计划 | | | | |
| 支付应付税 | | | | |
| 季初现金盘点（请填余额） | | | | |
| 更新短期贷款/还本付息/申请短期贷款（高利贷） | | | | |
| 更新应付款/归还应付款 | | | | |
| 原材料入库/更新原料订单 | | | | |
| 下原料订单 | | | | |
| 更新生产/完工入库 | | | | |
| 投资新生产线/变卖生产线/生产线转产 | | | | |
| 向其他企业购买原材料/出售原材料 | | | | |
| 开始下一批生产 | | | | |
| 更新应收款/应收款收现 | | | | |
| 出售厂房 | | | | |

| 企业经营流程<br>请按顺序执行下列各项操作 | 每执行完一项操作，CEO 请在相应的方格内打"√"<br>财务总监（助理）在方格中填写现金收支情况 | | | |
|---|---|---|---|---|
| 向其他企业购买成品/出售成品 | | | | |
| 按订单交货 | | | | |
| 产品研发投资 | | | | |
| 支付行政管理费 | | | | |
| 其他现金收支情况登记 | | | | |
| 支付利息/更新长期贷款/申请长期贷款 | | | | |
| 支付设备维护费 | | | | |
| 支付租金/购买厂房 | | | | |
| 计提折旧 | | | | （　　） |
| 新市场开拓/ISO 资格认证投资 | | | | |
| 结账 | | | | |
| 现金收入合计 | | | | |
| 现金支出合计 | | | | |
| 期末现金对账（请填余额） | | | | |

**表 3－42**　　　　　　　　　　　　现金预算表

| | 1 | 2 | 3 | 4 |
|---|---|---|---|---|
| 期初库存现金 | | | | |
| 支付上年应交税 | | | | |
| 市场广告投入 | | | | |
| 贴现费用 | | | | |
| 利息（短期贷款） | | | | |
| 支付到期短期贷款 | | | | |
| 原料采购支付现金 | | | | |
| 转产费用 | | | | |
| 生产线投资 | | | | |
| 工人工资 | | | | |
| 产品研发投资 | | | | |
| 收到现金前的所有支出 | | | | |
| 应收款到期 | | | | |
| 支付管理费用 | | | | |

续表

| | 1 | 2 | 3 | 4 |
|---|---|---|---|---|
| 利息（长期贷款） | | | | |
| 支付到期长期贷款 | | | | |
| 设备维护费用 | | | | |
| 租金 | | | | |
| 购买新建筑 | | | | |
| 市场开拓投资 | | | | |
| ISO 认证投资 | | | | |
| 其他 | | | | |
| 库存现金余额 | | | | |

要点记录：

第 1 季度：_____

第 2 季度：_____

第 3 季度：_____

第 4 季度：_____

年度总结：_____

表 3 - 43　　　　　　　　　订单登记表

| 订单号 | | | | | | | 合计 |
|---|---|---|---|---|---|---|---|
| 市场 | | | | | | | |
| 产品 | | | | | | | |
| 数量 | | | | | | | |
| 账期 | | | | | | | |
| 销售额 | | | | | | | |
| 成本 | | | | | | | |
| 毛利 | | | | | | | |
| 未售 | | | | | | | |

表 3 - 44　　　　　　　　　产品核算统计表

| | P1 | P2 | P3 | P4 | 合计 |
|---|---|---|---|---|---|
| 数量 | | | | | |
| 销售额 | | | | | |
| 成本 | | | | | |
| 毛利 | | | | | |

表 3-45 综合管理费用明细表 单位：百万

| 项目 | 金额 | 备注 |
|---|---|---|
| 管理费 | | |
| 广告费 | | |
| 维修费 | | |
| 租金 | | |
| 转产费 | | |
| 市场准入开拓 | | □区域　□国内　□亚洲　□国际 |
| ISO 资格认证 | | □ISO9000　　□ISO14000 |
| 产品研发 | | P2（　）　P3（　）　P4（　） |
| 其他 | | |
| 合计 | | |

表 3-46 利润表

| 项目 | 上年数 | 本年数 |
|---|---|---|
| 销售收入 | | |
| 直接成本 | | |
| 毛利 | | |
| 综合费用 | | |
| 折旧前利润 | | |
| 折旧 | | |
| 支付利息前利润 | | |
| 财务收入/支出 | | |
| 其他收入/支出 | | |
| 税前利润 | | |
| 所得税 | | |
| 净利润 | | |

表 3 - 47　　　　　　　　　　　　　　资产负债表

| 资产 | 期初数 | 期末数 | 负债和所有者权益 | 期初数 | 期末数 |
|---|---|---|---|---|---|
| 流动资产: | | | 负债: | | |
| 库存现金 | | | 长期借款 | | |
| 应收账款 | | | 短期借款 | | |
| 在制品 | | | 应付账款 | | |
| 库存商品 | | | 应交税费 | | |
| 原材料 | | | 一年内到期的长期借款 | | |
| 流动资产合计 | | | 负债合计 | | |
| 固定资产: | | | 所有者权益: | | |
| 土地和建筑 | | | 股东资本（股本） | | |
| 机器与设备 | | | 利润留存 | | |
| 在建工程 | | | 年度净利 | | |
| 固定资产合计 | | | 所有者权益合计 | | |
| 资产总计 | | | 负债和所有者权益总计 | | |

表 3 - 48　　　　　　　　　　　　　　第 5 年

| 企业经营流程<br>请按顺序执行下列各项操作 | 每执行完一项操作，CEO 请在相应的方格内打"√"<br>财务总监（助理）在方格中填写现金收支情况 | | | |
|---|---|---|---|---|
| 新年度规划会议 | | | | |
| 参加订货会/登记销售订单 | | | | |
| 制订新年度计划 | | | | |
| 支付应付税 | | | | |
| 季初现金盘点（请填余额） | | | | |
| 更新短期贷款/还本付息/申请短期贷款（高利贷） | | | | |
| 更新应付款/归还应付款 | | | | |
| 原材料入库/更新原料订单 | | | | |
| 下原料订单 | | | | |
| 更新生产/完工入库 | | | | |
| 投资新生产线/变卖生产线/生产线转产 | | | | |
| 向其他企业购买原材料/出售原材料 | | | | |
| 开始下一批生产 | | | | |
| 更新应收款/应收款收现 | | | | |
| 出售厂房 | | | | |

续表

| 企业经营流程<br>请按顺序执行下列各项操作 | 每执行完一项操作，CEO 请在相应的方格内打"√"<br>财务总监（助理）在方格中填写现金收支情况 | | | |
|---|---|---|---|---|
| 向其他企业购买成品/出售成品 | | | | |
| 按订单交货 | | | | |
| 产品研发投资 | | | | |
| 支付行政管理费 | | | | |
| 其他现金收支情况登记 | | | | |
| 支付利息/更新长期贷款/申请长期贷款 | | | | |
| 支付设备维护费 | | | | |
| 支付租金/购买厂房 | | | | |
| 计提折旧 | | | | （ ） |
| 新市场开拓/ISO 资格认证投资 | | | | |
| 结账 | | | | |
| 现金收入合计 | | | | |
| 现金支出合计 | | | | |
| 期末现金对账（请填余额） | | | | |

**表 3－49** 现金预算表

| | 1 | 2 | 3 | 4 |
|---|---|---|---|---|
| 期初库存现金 | | | | |
| 支付上年应交税 | | | | |
| 市场广告投入 | | | | |
| 贴现费用 | | | | |
| 利息（短期贷款） | | | | |
| 支付到期短期贷款 | | | | |
| 原料采购支付现金 | | | | |
| 转产费用 | | | | |
| 生产线投资 | | | | |
| 工人工资 | | | | |
| 产品研发投资 | | | | |
| 收到现金前的所有支出 | | | | |
| 应收款到期 | | | | |
| 支付管理费 | | | | |

续表

| | 1 | 2 | 3 | 4 |
|---|---|---|---|---|
| 利息（长期贷款） | | | | |
| 支付到期长期贷款 | | | | |
| 设备维护费用 | | | | |
| 租金 | | | | |
| 购买新建筑 | | | | |
| 市场开拓投资 | | | | |
| ISO 认证投资 | | | | |
| 其他 | | | | |
| 库存现金余额 | | | | |

要点记录：

第 1 季度：_____

第 2 季度：_____

第 3 季度：_____

第 4 季度：_____

年度总结：_____

表 3 - 50　　　　　　　　　　订单登记表

| 订单号 | | | | | | | | | 合计 |
|---|---|---|---|---|---|---|---|---|---|
| 市场 | | | | | | | | | |
| 产品 | | | | | | | | | |
| 数量 | | | | | | | | | |
| 账期 | | | | | | | | | |
| 销售额 | | | | | | | | | |
| 成本 | | | | | | | | | |
| 毛利 | | | | | | | | | |
| 未售 | | | | | | | | | |

表 3 - 51　　　　　　　　　　产品核算统计表

| | P1 | P2 | P3 | P4 | 合计 |
|---|---|---|---|---|---|
| 数量 | | | | | |
| 销售额 | | | | | |
| 成本 | | | | | |
| 毛利 | | | | | |

表 3－52                    综合管理费用明细表                    单位：百万

| 项目 | 金额 | 备注 |
|---|---|---|
| 管理费 | | |
| 广告费 | | |
| 维修费 | | |
| 租金 | | |
| 转产费 | | |
| 市场准入开拓 | | □区域　□国内　□亚洲　□国际 |
| ISO 资格认证 | | □ISO9000　　□ISO14000 |
| 产品研发 | | P2（　　）　P3（　　）　P4（　　） |
| 其他 | | |
| 合计 | | |

表 3－53                          利润表

| 项目 | 上年数 | 本年数 |
|---|---|---|
| 销售收入 | | |
| 直接成本 | | |
| 毛利 | | |
| 综合费用 | | |
| 折旧前利润 | | |
| 折旧 | | |
| 支付利息前利润 | | |
| 财务收入／支出 | | |
| 其他收入／支出 | | |
| 税前利润 | | |
| 所得税 | | |
| 净利润 | | |

表 3－54　　　　　　　　　　　　资产负债表

| 资产 | 期初数 | 期末数 | 负债和所有者权益 | 期初数 | 期末数 |
|---|---|---|---|---|---|
| 流动资产： | | | 负债： | | |
| 库存现金 | | | 长期借款 | | |
| 应收账款 | | | 短期借款 | | |
| 在制品 | | | 应付账款 | | |
| 库存商品 | | | 应交税费 | | |
| 原材料 | | | 一年内到期的长期借款 | | |
| 流动资产合计 | | | 负债合计 | | |
| 固定资产： | | | 所有者权益： | | |
| 土地和建筑 | | | 股东资本（股本） | | |
| 机器与设备 | | | 利润留存 | | |
| 在建工程 | | | 年度净利 | | |
| 固定资产合计 | | | 所有者权益合计 | | |
| 资产总计 | | | 负债和所有者权益总计 | | |

表 3－55　　　　　　　　　　　　第 6 年

| 企业经营流程<br>请按顺序执行下列各项操作 | 每执行完一项操作，CEO 请在相应的方格内打"√"<br>财务总监（助理）在方格中填写现金收支情况 | | | |
|---|---|---|---|---|
| 新年度规划会议 | | | | |
| 参加订货会/登记销售订单 | | | | |
| 制订新年度计划 | | | | |
| 支付应付税 | | | | |
| 季初现金盘点（请填余额） | | | | |
| 更新短期贷款/还本付息/申请短期贷款（高利贷） | | | | |
| 更新应付款/归还应付款 | | | | |
| 原材料入库/更新原料订单 | | | | |
| 下原料订单 | | | | |
| 更新生产/完工入库 | | | | |
| 投资新生产线/变卖生产线/生产线转产 | | | | |
| 向其他企业购买原材料/出售原材料 | | | | |
| 开始下一批生产 | | | | |
| 更新应收款/应收款收现 | | | | |
| 出售厂房 | | | | |

续表

| 企业经营流程<br>请按顺序执行下列各项操作 | 每执行完一项操作，CEO 请在相应的方格内打"√"<br>财务总监（助理）在方格中填写现金收支情况 | | | |
|---|---|---|---|---|
| 向其他企业购买成品/出售成品 | | | | |
| 按订单交货 | | | | |
| 产品研发投资 | | | | |
| 支付行政管理费 | | | | |
| 其他现金收支情况登记 | | | | |
| 支付利息/更新长期贷款/申请长期贷款 | | | | |
| 支付设备维护费 | | | | |
| 支付租金/购买厂房 | | | | |
| 计提折旧 | | | | （　） |
| 新市场开拓/ISO 资格认证投资 | | | | |
| 结账 | | | | |
| 现金收入合计 | | | | |
| 现金支出合计 | | | | |
| 期末现金对账（请填余额） | | | | |

表 3－56　　　　　　　　　现金预算表

| | 1 | 2 | 3 | 4 |
|---|---|---|---|---|
| 期初库存现金 | | | | |
| 支付上年应交税 | | | | |
| 市场广告投入 | | | | |
| 贴现费用 | | | | |
| 利息（短期贷款） | | | | |
| 支付到期短期贷款 | | | | |
| 原料采购支付现金 | | | | |
| 转产费用 | | | | |
| 生产线投资 | | | | |
| 工人工资 | | | | |
| 产品研发投资 | | | | |
| 收到现金前的所有支出 | | | | |
| 应收款到期 | | | | |
| 支付管理费用 | | | | |

续表

|  | 1 | 2 | 3 | 4 |
|---|---|---|---|---|
| 利息（长期贷款） |  |  |  |  |
| 支付到期长期贷款 |  |  |  |  |
| 设备维护费用 |  |  |  |  |
| 租金 |  |  |  |  |
| 购买新建筑 |  |  |  |  |
| 市场开拓投资 |  |  |  |  |
| ISO 认证投资 |  |  |  |  |
| 其他 |  |  |  |  |
| 库存现金余额 |  |  |  |  |

要点记录：

第 1 季度：_____

第 2 季度：_____

第 3 季度：_____

第 4 季度：_____

年度总结：_____

表 3 – 57　　　　　　　　　　　　订单登记表

| 订单号 |  |  |  |  |  |  |  |  | 合计 |
|---|---|---|---|---|---|---|---|---|---|
| 市场 |  |  |  |  |  |  |  |  |  |
| 产品 |  |  |  |  |  |  |  |  |  |
| 数量 |  |  |  |  |  |  |  |  |  |
| 账期 |  |  |  |  |  |  |  |  |  |
| 销售额 |  |  |  |  |  |  |  |  |  |
| 成本 |  |  |  |  |  |  |  |  |  |
| 毛利 |  |  |  |  |  |  |  |  |  |
| 未售 |  |  |  |  |  |  |  |  |  |

表 3 – 58　　　　　　　　　　　　产品核算统计表

|  | P1 | P2 | P3 | P4 | 合计 |
|---|---|---|---|---|---|
| 数量 |  |  |  |  |  |
| 销售额 |  |  |  |  |  |
| 成本 |  |  |  |  |  |
| 毛利 |  |  |  |  |  |

表 3-59                 **综合管理费用明细表**                   单位：百万

| 项目 | 金额 | 备注 |
|---|---|---|
| 管理费 | | |
| 广告费 | | |
| 维修费 | | |
| 租金 | | |
| 转产费 | | |
| 市场准入开拓 | | □区域　□国内　□亚洲　□国际 |
| ISO 资格认证 | | □ISO9000　　□ISO14000 |
| 产品研发 | | P2（　　）　P3（　　）　P4（　　） |
| 其他 | | |
| 合计 | | |

表 3-60                      **利润表**

| 项目 | 上年数 | 本年数 |
|---|---|---|
| 销售收入 | | |
| 直接成本 | | |
| 毛利 | | |
| 综合费用 | | |
| 折旧前利润 | | |
| 折旧 | | |
| 支付利息前利润 | | |
| 财务收入/支出 | | |
| 其他收入/支出 | | |
| 税前利润 | | |
| 所得税 | | |
| 净利润 | | |

表 3－61 资产负债表

| 资产 | 期初数 | 期末数 | 负债和所有者权益 | 期初数 | 期末数 |
|---|---|---|---|---|---|
| 流动资产： | | | 负债： | | |
| 库存现金 | | | 长期借款 | | |
| 应收账款 | | | 短期借款 | | |
| 在制品 | | | 应付账款 | | |
| 库存商品 | | | 应交税费 | | |
| 原材料 | | | 一年内到期的长期借款 | | |
| 流动资产合计 | | | 负债合计 | | |
| 固定资产： | | | 所有者权益： | | |
| 土地和建筑 | | | 股东资本（股本） | | |
| 机器与设备 | | | 利润留存 | | |
| 在建工程 | | | 年度净利 | | |
| 固定资产合计 | | | 所有者权益合计 | | |
| 资产总计 | | | 负债和所有者权益总计 | | |

## 3.5　广告竞单表

广告竞单如表 3－62 ～表 3－67 所示。

表 3－62 第＿＿＿＿＿组广告单

**第 1 年　广告单**

| 第 2 年 | 本地 | 区域 | 9K | 14K |
|---|---|---|---|---|
| P1 | | | | |

表 3－63 第 2 年　广告单

| 第 2 年 | 本地 | 区域 | 9K | 14K |
|---|---|---|---|---|
| P1 | | | | |
| P2 | | | | |
| P3 | | | | |
| 合计 | | | | |

表 3 – 64                      第 3 年   广告单

| 第 3 年 | 本地 | 区域 | 国内 | 9K | 14K |
|---|---|---|---|---|---|
| P1 | | | | | |
| P2 | | | | | |
| P3 | | | | | |
| P4 | | | | | |
| 合计 | | | | | |

表 3 – 65                      第 4 年   广告单

| 第 4 年 | 本地 | 区域 | 国内 | 亚洲 | 9K | 14K |
|---|---|---|---|---|---|---|
| P1 | | | | | | |
| P2 | | | | | | |
| P3 | | | | | | |
| P4 | | | | | | |
| 合计 | | | | | | |

表 3 – 66                      第 5 年   广告单

| 第 5 年 | 本地 | 区域 | 国内 | 亚洲 | 国际 | 9K | 14K |
|---|---|---|---|---|---|---|---|
| P1 | | | | | | | |
| P2 | | | | | | | |
| P3 | | | | | | | |
| P4 | | | | | | | |
| 合计 | | | | | | | |

表 3 – 67                      第 6 年   广告单

| 第 6 年 | 本地 | 区域 | 国内 | 亚洲 | 国际 | 9K | 14K |
|---|---|---|---|---|---|---|---|
| P1 | | | | | | | |
| P2 | | | | | | | |
| P3 | | | | | | | |
| P4 | | | | | | | |
| 合计 | | | | | | | |

# 第4章 企业模拟经营电子沙盘

☞ 企业模拟经营电子沙盘是由组员分组组建公司，承担不同角色，做出各种经营决策的系统。通过使用企业模拟经营软件，各组间面对共同的市场进行竞争，模拟以季度为基本单位，每年总结，多年运营。本章以当前最流行的由新道公司出品的新商战电子沙盘为例来讲述。

## 任务目标

- 掌握新商战电子沙盘的运营规则
- 熟练操作新商战电子沙盘
- 各职位的组员各司其职，并能协调好和其他职位组员之间的关系
- 通过新商战电子沙盘的演练对企业的运营流程有更深的认识

## 任务提出

电子沙盘模拟实训可以让各组员了解企业各部门的运营情形，让组员更加清晰地明白一个企业的生产经营中现金流、物流、信息流是如何互相影响、互相促进的。五个人在短时间内要经营六年，除了定策略、改方案、走流程，还要进行报表处理等，沙盘培训不仅让大家更加熟悉企业经营，让自己的策略在短时间内进行验证，同时也培养大家团队分工协作、相互合作的能力。

## 4.1 认识企业模拟经营电子沙盘

### 4.1.1 模拟企业的运营流程

新商战企业模拟经营电子沙盘的实训不同于 ERP 手工沙盘实训。ERP 手工沙盘实训是已经经营至第三年的企业，该企业已经具备了一定的生产能力和生产资格，但该企业设备陈旧，产品、市场单一，面临困境。鉴于此，需引进一批优秀的人才对企业进行改革，以带领企业进入全新的发展空间。而新商战企业模拟经营电子沙盘是给我们资金，由自己创建一个企业，从第一年开始经营，经营路线由自己来定，符合大学生创业的发展思路。操作电子沙盘前应对手工沙盘的操

作流程有所了解，其运营规则同手工沙盘有所不同，具体规则见本任务第二部分。

1. 首次登录。第一次进入系统时进入企业注册页面，维护企业基本信息，包含部门、岗位人员、企业宣言等内容，让学生感受经营起点企业的注册过程（见图4-1）。

图4-1 模拟企业注册界面

2. 全年运营流程说明。

（1）年度运营总流程。新商战模拟运营企业经营6个年度，每个年度分设4个季度运行。全年总体运营流程如图4-2所示。

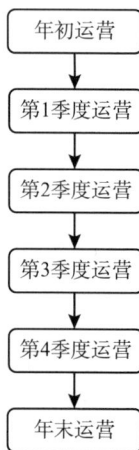

图4-2 年度运营总流程

（2）年初运营流程。年初企业运营过程包括年度规划、投放广告、支付广告费、支付所得税、参加订货会、长期贷款。具体运营流程如图 4 - 3 所示。

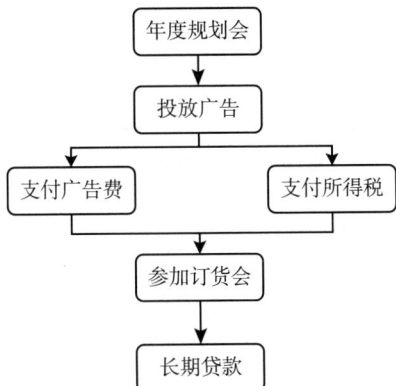

**图 4 - 3　年初运营流程**

（3）每季度内运营流程（见图 4 - 4）。

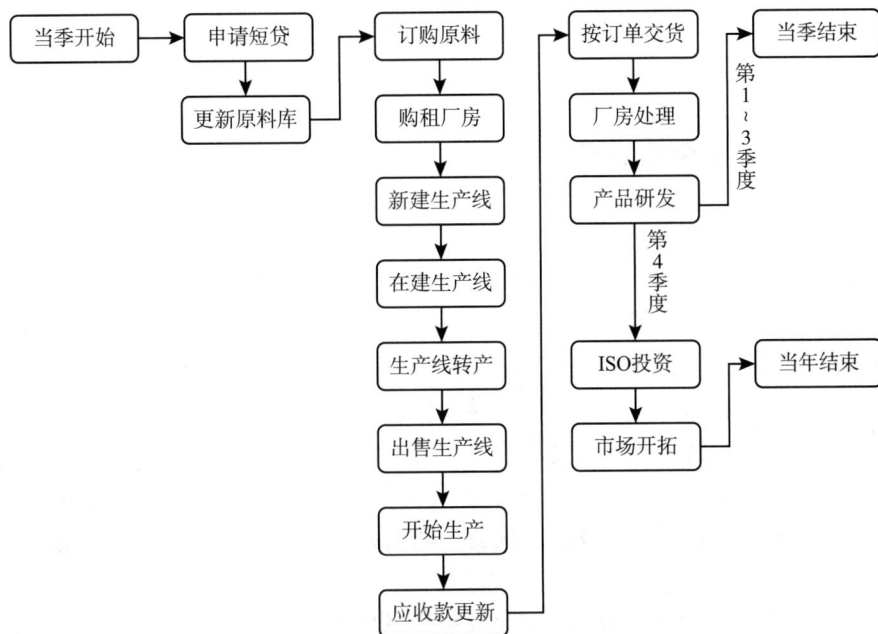

**图 4 - 4　每季度内运营流程**

（4）年末操作流程。年末运营操作主要包含填写报表和投放广告，具体流程
如图 4 - 5 所示。

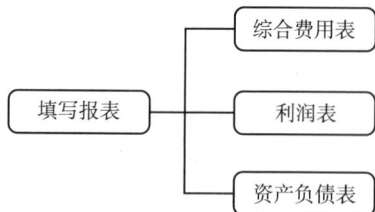

图 4 - 5　年末操作流程

（5）流程外运营操作。除上述运营操作外，企业随时可进行图 4 - 6 的运营操作。

注：为保证企业按规则经营，系统限制了各组企业在参加竞单会过程中进行紧急采购和间谍操作。

图 4 - 6　流程外运行操作

### 4.1.2　模拟企业的操作指南

1. 年初运营操作。

（1）年度规划会议。年度规划会议在每运营年度开始时召开，在软件中无须操作。年度规划会议一般由团队的 CEO 主持召开，会同团队中的采购、生产、销售等负责人一起进行全年的市场预测分析、广告投放、订单选取、产能扩张、产能安排、材料订购、订单交货、产品研发、市场开拓、筹资管理和现金控制等方面的分析和决策规划，最终完成全年运营的财务预算。

（2）支付广告费和支付所得税。点击当年结束，系统时间切换到下一年年初，需要投放广告，确认投放后系统会自动扣除所投放的广告费和上年应交的所得税。

（3）参加订货会。点击主页面下方操作区中菜单"参加订货会"，弹出"订货会就绪"对话框（见图 4 - 7）或"参加订货会"对话框（见图 4 - 8）。当其他企业存在未完成投放广告操作时，当前组显示如图 4 - 7 所示，当所有企业均已经完成投放广告，且教师/裁判已经启动订货会时，系统显示如图 4 - 8 所示。

图 4 – 7　订货会就绪

图 4 – 8　参加订货会

系统会提示正在进行选单的市场（显示为红色）、选单用户和剩余选单时间，企业选单时特别要关注上述信息。

对话框左边显示某市场的选单顺序，右边显示该市场的订单列表。未轮到当前用户选单时，右边操作一列无法点击。当轮到当前用户选单时，操作显示"选中"按钮，点击选中，成功选单。当选单倒计时结束后用户无法选单。

选单时要特别注意有两个市场在同时进行选单的情况，此时很容易漏选市场订单。

全部市场选单结束后，订货会结束。

（4）长期贷款。①操作。点击主页面下方操作区菜单"申请长贷"，弹出"申请长贷"对话框（见图4 – 9）。弹出框中显示本企业当前时间可以贷款的最大额度，点击"需贷款年限"下拉框，选择贷款年限，在"需贷款额"录入框内输入贷款金额，点击确认，即申请长贷成功。②说明。需贷款年限，系统预设有 1 年、2 年、3 年、4 年和 5 年，最大贷款额度系统设定为上年末企业所有者权益的 N 倍，N 具体为多少，由教师/裁判在参数设置中设定。需贷款额由企业在年度规划会议中根据企业运营规划确定，但不得超过最大贷款额度。长期贷款为分期付息，到期一次还本。年利率由教师/裁判在参数设置中设定。③举例。若长期贷款年利率设定为 10%，贷款额度设定为上年年末所有者权益的 3 倍，企业上年末所有者权益总额为 80W，则本年度贷款上限为 240W(80W × 3)，假定企业之前没有贷款，则本次贷款最大额度为本年度贷款上限，即为 240W。若企业之前已经存在 100W 的贷款，则本次贷款最大额度为本年度贷款上限减去已贷金额，即为 140W。

## 申请长贷

| 最大贷款额度 | 24000w |
|---|---|
| 需贷款年限 | 2年 ▼ |
| 需贷款额 | 100　W |

确认　　取消

图 4 - 9　申请长贷对话框

若企业第 1 年年初贷入了 100W，期限 5 年，则系统会在第 2、第 3、第 4、第 5、第 6 年年初每年自动扣除长贷利息 10W(100W × 10%)，并在第 6 年年初自动偿还贷款本金 100W。

2. 每季度运营操作。

(1) 当季开始。①操作。点击"当季开始"按钮，系统会弹出"当季开始"对话框（见图 4 - 10），该操作完成后才能进入季度内的各项操作。②说明。当季开始操作时，系统会自动完成短期贷款的更新，偿还短期借款本息，检测更新生产/完工入库情况（若已完工，则完工产品会自动进入产品库，可通过查询库存信息了解入库情况）、检测生产线完工/转产完工情况。

当季开始

是否进行当季开始？

- 还本付息/更新短期贷款

- 更新生产/完工入库

- 生产线完工/转产完工

确认　　取消

**图 4 - 10　当季开始**

（2）申请短贷。①操作。点击主页面下方操作区中菜单"申请短贷"，弹出"申请短贷"对话框。在"需贷款额"后输入金额，点击确认即短贷成功（见图4 - 11）。②说明。短贷期限默认为 1 年，到期一次还本付息，贷款年利率由教师/裁判在参数设置中设定，短贷申请时不得超过"申请短贷"对话框中的"最大贷款额度"。③举例。假定企业短期贷款年利率为 5%，则企业若在第 1 年第 1季度贷入 20W，那么，企业需在第 2 年第 1 季度偿还该笔短贷的本金 20W 和利息 1W（20 × 5%）。

申请短贷

最大贷款额度　24000w

需贷款额　0　W

确认　　取消

**图 4 - 11　申请短贷**

（3）更新原料库。①操作。点击主页面下方操作区中菜单"更新原料库"，弹出"更新原料"对话框（见图4－12），提示当前应入库原料需支付的现金。确认金额无误后，点击确认，系统扣除现金并增加原料库存。②说明。企业经营沙盘运营中，原材料一般分为R1、R2、R3、R4四种，它们的采购价由系统设定，一般每1个原材料价格均为1W。其中R1、R2原材料是在订购1个季度后支付，R3、R4原材料是在订购2个季度后支付。③举例。假定每种原材料每个采购价均为1W，若某企业在第1季度订购了R1、R2、R3、R4各1个，第2季度又订购了R1、R2、R3、R4各2个，则第2季度更新原料操作时，需支付的材料采购款为2W（系第1季度订购的R1和R2材料款），第3季度更新原料操作时，需支付的材料采购款为6W（系第1季度订购的R3、R4材料款和第2季度订购的R1、R2材料款）。分析过程如图4－13所示。

图4－12 更新原料

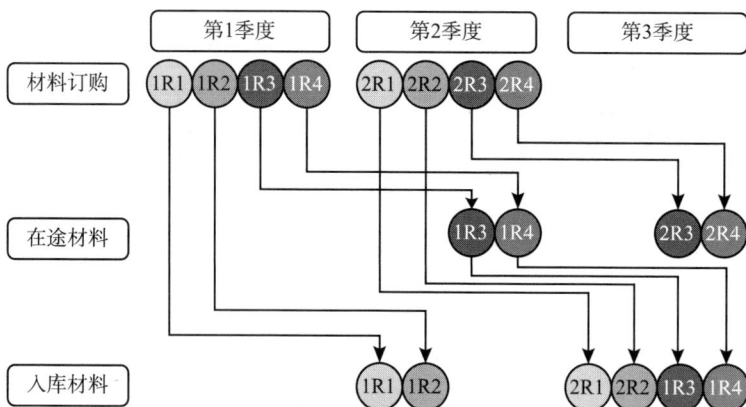

图4－13 材料采购支付款项分析

（4）订购原料。①操作。点击主页面下方操作区中菜单"订购原料"，弹出"订购原料"对话框（见图4－14），显示原料名称、价格以及运货周期信息，在

数量一列输入需订购的原料量值，点击确认即可。②说明。企业原材料一般分为
R1、R2、R3、R4 四种，其中 R1、R2 原材料需提前 1 个季度订购，在 1 个季度
后支付材料款并入库，R3、R4 原材料需提前 2 个季度订购，在 2 个季度后支付
材料款并入库。材料订购数量由后期生产需要来决定，订购多了会造成现金占
用，订购少了则不能满足生产需要，会造成生产线停产，甚至不能按期完成产品
交货，导致产品订单违约。③举例。若企业第 2 季度需要领用 5R1、4R2，第 3
季度需要领用 3R1、4R2、5R3、4R4，第 4 季度需要领用 4R1、6R2、4R3、5R4，
则企业第 1 季度需要订购的原材料如图 4-14 中所示，第 2 季度需订购的原材料
为 3R1、4R2、4R3、5R4。分析过程如图 4-15 所示。

图 4-14　订购原料

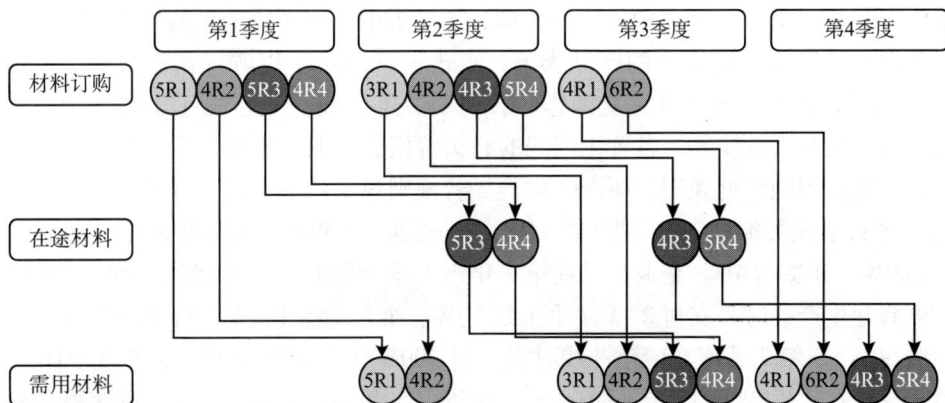

图 4-15　采购订购分析过程

（5）购租厂房。①操作。点击主页面下方操作区中菜单"购租厂房"，弹出"购租厂房"对话框（见图4－16），点击下拉框选择厂房类型，下拉框中提示每种厂房的购买价格、租用价格等。选择订购方式，买或租，点击确认即可。②说明。厂房类型根据需要选择大厂房或小厂房，订购方式可以根据需要选择买或租。厂房每季度均可购入或租入。若选择购买，则需一次性支付购买价款，无后续费用；若选择租入，则需每年支付租金，租金支付时间为租入当时以及以后每年对应季度的季末。③举例。若企业在第1年第2季度选择购入1个大厂房，则系统会在购入时一次性扣除相应的购买价款，以后不再产生相关扣款。若企业在第1年第2季度选择租入1个大厂房，则需在第1年第2季度租入时支付第1年租金，以后每年的租金由系统自动在第2季度季末支付。

图4－16　购租厂房

（6）新建生产线。①操作。点击主页面下方操作区中菜单"新建生产线"，弹出"新建生产线"对话框（见图4－17）。选择放置生产线的厂房，点击"类型"下拉框，选择要新建的生产线类型，下拉框中有生产线购买的价格信息，选择新建的生产线计划生产的产品类型，点击确认即可。提醒：新建多条生产线时，无须退出该界面，可重复操作。②说明。生产线一般包括手工线、半自动线、自动线和柔性线等，各种生产线的购买价格、折旧、残值、生产周期、转产周期、建造周期详见规则说明。③举例。若规则规定：手工线买价30W、建造期0Q，半自动线买价100W、建造期1Q，自动线买价150W、建造期3Q，柔性线买价200W、建造期4Q。企业如果在第1年第1季度同时建造上述生产线，则第1季度新建生产线时需支付23W（手工线50W、半自动线100W、自动线50W、柔性线50W），第2季度在建生产线时需支付100W（自动线50W、柔性线50W），第3季度在建生产线时需支付100W（自动线50W、柔性线50W），第4季度在建生产时需支付50W（柔性线50W）。建造过程如表4－1所示。

**图 4 - 17 新建生产线**

表 4 - 1 各类生产线建造过程

| | 第1年第1季度 | 第1年第2季度 | 第1年第3季度 | 第1年第4季度 | 第2年第1季度 | 总投资额 |
|---|---|---|---|---|---|---|
| 手工线 | 30W 建成 | | | | | 30W |
| 半自动线 | 100W 在建 | 建成 | | | | 100W |
| 自动线 | 50W 在建 | 50W 在建 | 50W 在建 | 建成 | | 150W |
| 柔性线 | 50W 在建 | 50W 在建 | 50W 在建 | 50W 在建 | 建成 | 200W |
| 当季投资总额 | 230W | 100W | 100W | 50W | | |

（7）在建生产线。①操作。点击主页面下方操作区中菜单"在建生产线"，弹出"在建生产线"对话框（见图 4 - 18）。弹出框中显示需要继续投资建设的生产线的信息，勾选决定继续投资的生产线，点击确认即可。②说明。只有处在建造期的生产线才会在此对话框中显示，该对话框中会提供处于建造期间的生产线的累计投资额、开建时间和剩余建造期。

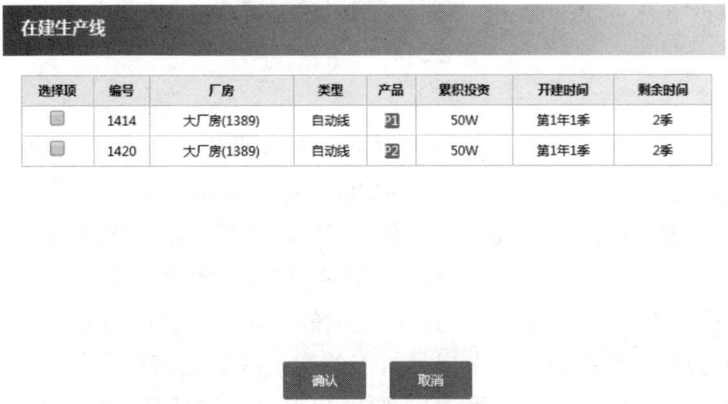

**图 4 - 18 在建生产线**

（8）生产线转产。①操作。点击主页面下方操作区中菜单"生产线转产"，弹出"生产线转产"对话框（见图4-19）。弹出框中显示可以进行转产的生产线信息，勾选转产的生产线以及转线要生产的产品，点击确认即可。②说明。生产线建造时已经确定了生产的产品种类，但是在企业运营过程中，为完成不同产品数量的订单按时交货，可能会对生产线生产的产品进行适当的转产操作，转产时要求该生产线处于待生产状态，否则不可进行转产操作。转产时，不同生产线的转产费用和转产周期是有区别的，具体详见规则说明。当转产周期大于1Q时，下一季度点击生产线转产，弹出框中显示需要继续转产的生产线，勾选即继续投资转产，不选即中断转产。③举例。假定规则规定手工线转产周期为0Q、转产费用0W。若某手工线原定生产P1产品，现在需要转产为P2产品，则转产时要求该手工线上没有在产品方能转产，且转产当季即可上线生产新的P2产品，无须支付转产费用。假定规则规定半自动线转产周期为1Q，转产费用1W。若某半自动线原定生产P1产品，现在需要转产为P2产品，则转产时要求该半自动线上没有在产品方能转产，且需进行1个季度的"生产线转产"操作后，方能上线生产新的P2产品，且需支付相应的转产费用1W。

图4-19 生产线转产

（9）出售生产线。①操作。点击主页面下方操作区中菜单"出售生产线"，弹出"出售生产线"对话框（见图4-20）。弹出框中显示可以进行出售的生产线信息。勾选要出售的生产线，点击确认即可。②说明。生产线出售的前提是该生产线是空置的，即没有在生产产品。出售时按残值收取现金，按净值（生产线的原值减去累计折旧后的余额）与残值之间的差额作为企业损失。即已提足折旧的生产线不会产生出售损失，未提足折旧的生产线必然产生出售损失。③举例。假定规则确定半自动线建设期为1Q、原值为10W、净残值2W、使用年限4年，若某企业第1年第1季度开建一条半自动线，则该生产线系第1年第2季度建成，只要该生产线处于待生产状态即可进行出售。

**图 4 - 20　出售生产线**

若建成后当年将其出售，则会收到 2W 现金，同时产生 8W 损失（原值 10W - 累计折旧 0W - 净残值 2W），若第 2 年将其出售，则会收到 2W 现金，同时产生 6W 损失（原值 10W - 累计折旧 2W - 净残值 2W），以此类推。

（10）开始生产。①操作。点击主页面下方操作区中菜单"开始生产"，弹出"开始下一批生产"对话框（见图 4 - 21）。弹出框中显示可以进行生产的生产线信息。勾选要投产的生产线，点击确认即可。②说明。开始下一批生产时保证相应的生产线空闲、产品完成研发、生产原料充足，投产用的现金足够，上述四个条件缺一不可。开始下一批生产操作时，系统会自动从原材料仓库领用相应的原材料，并从现金处扣除用于生产的人工费用。③举例。假定规则规定 P1 产品构成为 1R1 + 10W，当前想在某半自动线上线生产 P1 产品，则要求该半自动线此时没有在产品（因为一条生产线同时只能生产 1 个产品），且原材料仓库需有 1 个 R1 原材料，以及 10W 的现金余额用于支付产品生产的人工费。上线生产后，系统会自动从 R1 原材料库中领用 1 个 R1，并从现金库中扣除 10W 的生产费用。

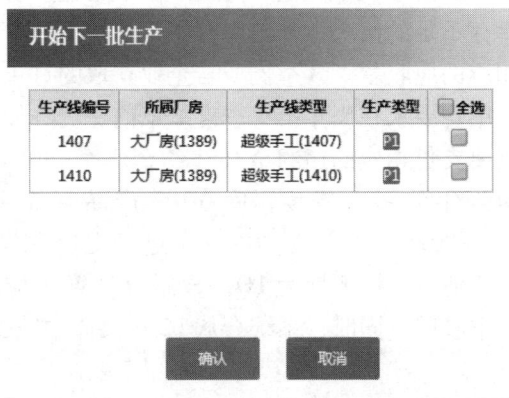

**图 4 - 21　开始下一批生产**

（11）应收款更新。①操作。点击主页面下方操作区中菜单"应收款更新"，弹出"应收款更新"对话框（见图 4 – 22），点击确认即可。②说明。应收款更新操作实质上是将企业所有的应收款项减少 1 个收账期，它分为两种情况：一种是针对本季度尚未到期的应收款，系统会自动将其收账期减少 1 个季度，另一种是针对本季度到期的应收款，系统会自动计算并在"收现金额"框内显示，确认收现后，系统自动增加企业的现金。③举例。若某企业上季度末应收账款有如下两笔：一笔账期为 3Q、金额为 20W 的应收款，另一笔账期为 1Q、金额为 30W 的应收款。则本季度进行应收款更新时，系统会将账期为 3Q、金额为 20W 的应收款更新为账期为 2Q、金额为 20W 的应收款，同时系统会自动将账期为 1Q、金额为 30W 的应收款收现。

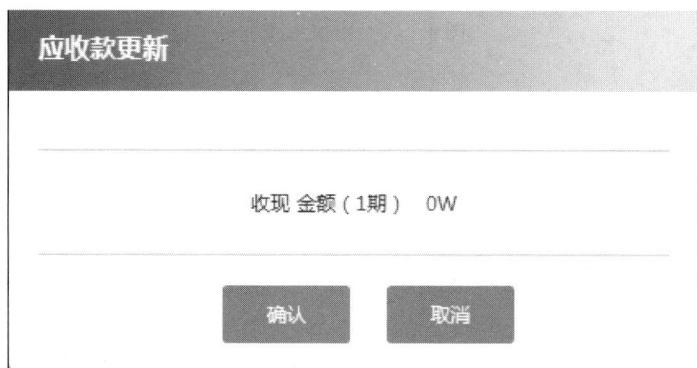

**应收款更新**

收现 金额（1期）    0W

确认　　　取消

**图 4 – 22　应收款更新**

（12）按订单交货。①操作。点击主页面下方操作区中菜单"按订单交货"，弹出"订单交货"对话框（见图 4 – 23）。点击每条订单后的"确认交货"即可。②说明。订单交货对话框中会显示年初订货会上取得的所有产品订单，该订单会提供订单销售收入总价、某订单需要的产品种类和数量、交货期限、账期等信息。点击相应订单右边的"确认交货"按钮后，在相应产品库存足够的情况下提示交货成功，在库存不足的情况下弹出库存不足的提示框。订单交货后会收取相应的现金或产生相应的应收款。③举例。若企业获取的订单情况如图 4 – 23 中所示，则表示上述订单均要求在当年第 4 季度结束前交货，如果不能按时交货则取消该产品订单，且要支付相应的违约金（违约金比率由教师/裁判在系统参数中设置）。若当前为当年的第 3 季度，库存 P2 产品有 3 个，则企业可选择 8 – 0016、8 – 0017、8 – 0018 三个订单中的一个进行交货，若企业选择 8 – 0018 订单交货，则交货后企业会产生账期为 1Q、金额为 18W 的应收款，该应收款可在下季度应收款更新中收回。同时，系统会从 P2 产品库中减少 3 个 P2 产品予以交货。

| 订单编号 | 市场 | 产品 | 数量 | 总价 | 订单年份 | 交货期 | 账期 | ISO | 操作 |
|---|---|---|---|---|---|---|---|---|---|
| S211_01 | 本地 | P1 | 4 | 208W | 第2年 | 4季度 | 1季度 | - | 确认交货 |
| S211_03 | 本地 | P1 | 4 | 208W | 第2年 | 4季度 | 3季度 | - | 确认交货 |
| S211_04 | 本地 | P1 | 2 | 96W | 第2年 | 4季度 | 2季度 | - | 确认交货 |
| S211_05 | 本地 | P1 | 1 | 53W | 第2年 | 4季度 | 3季度 | - | 确认交货 |
| S211_06 | 本地 | P1 | 4 | 201W | 第2年 | 4季度 | 1季度 | - | 确认交货 |
| S211_07 | 本地 | P1 | 4 | 179W | 第2年 | 4季度 | 0季度 | - | 确认交货 |
| S211_10 | 本地 | P1 | 2 | 96W | 第2年 | 4季度 | 2季度 | - | 确认交货 |

图 4 - 23　订单交货

（13）厂房处理。①操作。点击主页面下方操作区中菜单"厂房处理"，弹出"厂房处理"对话框（见图 4 - 24）。选择厂房的处理方式，系统会自动显示出符合处理条件的厂房以供选择。勾选厂房，点击确认。②说明。厂房处理方式包括卖出（买转租）、退租、租转买三种。买转租操作针对原购入的厂房，实质上此操作包括两个环节：一是卖出厂房；二是将此厂房租回。卖出厂房将根据规则产生一定金额、一定账期的应收款（详见规则说明），租入厂房需支付对应的租金，这一操作无须厂房空置。退租操作针对原租入的厂房，该操作要求厂房内无生产设备，若从上年支付租金时开始计算，租期未满 1 年的，则无须支付退租当年的租金，反之则需支付退租当年的租金。租转买操作针对原租入的厂房，该操作实质上包括两个环节：一是退租；二是将该厂房买入。退租当年租金是否需要支付参照"退租操作"说明，购买厂房时需支付相应的购买价款，该操作无须厂房空置。③举例。假定规则规定某大厂房购买价为 30W，租金 4W/年。若企业欲将原购入的大厂房买转租，则会产生期限为 4Q、金额为 30W 的应收款，同时系统会在买转租时自动扣除当期厂房租金 4W。若企业于上年第 2 季度租入一个大厂房，如果在本年度第 2 季度结束前退租，则系统无须支付第 2 个年度的厂房租金；如果在本年度第 2 季度结束后退租，则系统需扣除第 2 个年度的厂房租金 4W。此操作要求该厂房内无生产设备。若企业欲租转买原租入的大厂房，则系统仍会在大厂房租入的对应季度扣除当年的租金，并且在租转买时支付大厂房的购买价款 30W。

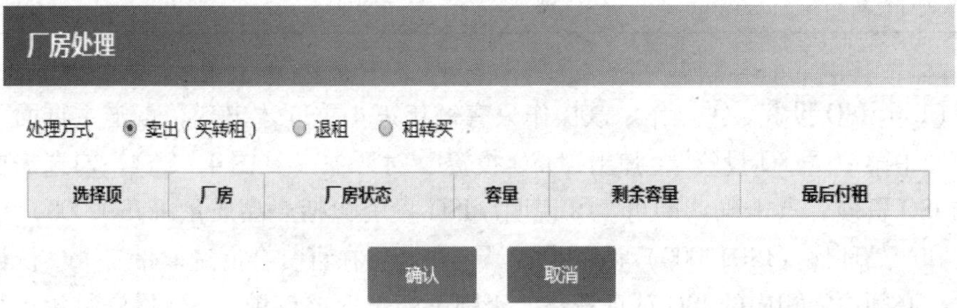

图 4 - 24　厂房处理

（14）产品研发。①操作。点击主页面下方操作区中菜单"产品研发"，弹出"产品研发"对话框（见图4-25）。勾选需要研发的产品，点击确认。②说明。产品研发按照季度来投资，每个季度均可操作，中间可以中断投资，直至产品研发完成，产品研发成功后方能生产相应的产品。产品研发的规则详见说明。③举例。P1、P2、P3的研发规则如图4-25所示。某企业在第1年第1季度开始同时研发上述3种产品，且中间不中断研发，则第1年第1季度需支付研发费用30W，第1季度无产品研发完成；第1年第2季度需支付研发费用30W，此时P1产品研发完成，第3季度即可生产P1产品；第1年第3季度需支付研发费用20W，此时P2产品研发完成，第4季度即可生产P2产品；第1年第4季度需支付研发费用10W，此时P3产品研发完成，第2年第1季度即可生产P3产品。具体研发过程如表4-2所示。

图4-25 产品研发

表4-2 不同产品的研发过程

|  | 第1年<br>第1季度 | 第1年<br>第2季度 | 第1年<br>第3季度 | 第1年<br>第4季度 | 第2年<br>第1季度 |
|---|---|---|---|---|---|
| P1 | 10W | 10W | 研发完成 |  |  |
| P2 | 10W | 10W | 10W | 研发完成 |  |
| P3 | 10W | 10W | 10W | 10W | 研发完成 |
| 当季投资总额 | 30W | 30W | 20W | 20W | 10W |

（15）ISO投资。①操作。该操作只有每年第4季度才出现。点击主页面下方操作区中菜单"ISO投资"，弹出"ISO投资"对话框（见图4-26）。勾选需要投资的ISO资质，点击确认即可。②说明。ISO投资包括产品质量（ISO9000）认证投资和产品环保（ISO14000）认证投资。企业若想在订货会上选取带有ISO认证的订单，必须取得相应的ISO认证资格，否则不能选取该订单。ISO投资每年进行一次，可中断投资，直至ISO投资完成。③举例。若企业在订单市场中想选择带有

ISO9000 的产品订单，则该企业必须已经完成 ISO9000 的投资，否则不能选择该订单。假定 ISO 投资规则如图 4 - 26 所示，企业若在第 1 年同时开始投资 ISO9000 和 ISO14000，中间不中断投资，则第 1 年该企业需支付 ISO 投资额 30W（ISO9000 投资费用 10W + ISO14000 投资费用 20W），第 2 年该企业还需支付 ISO 投资额 30W，此时完成 ISO 投资，该企业方可在第 3 年的年度订货会中选取带有 ISO 资格要求的订单。

**ISO投资**

| 选择项 | ISO | 投资费用 | 投资时间 | 剩余时间 |
| --- | --- | --- | --- | --- |
| ☐ | ISO9000 | 10W/年 | 2年 | -- |
| ☐ | ISO14000 | 20W/年 | 2年 | -- |

确认　　取消

图 4 - 26　ISO 投资

（16）市场开拓。①操作。该操作只有每年第 4 季度才出现。点击主页面下方操作区中菜单"市场开拓"，弹出"市场开拓"对话框（见图 4 - 27）。勾选需要研发的市场，点击确认即可。②说明。企业经营沙盘中的市场包括：本地市场、区域市场、国内市场、亚洲市场和国际市场。市场开拓是企业进入相应市场投放广告、选取产品订单的前提。市场开拓相关规则详见规则说明。市场开拓每年第 4 季度末可操作一次，中间可中断投资。③举例。假定规则规定本地市场、区域市场、国内市场、亚洲市场和国际市场的开拓期分别为 0 年、1 年、2 年、3 年、4 年，开拓费用均为每年 1W。若企业从第 1 年年末开始开拓所有市场，且中间不中断投资，则：

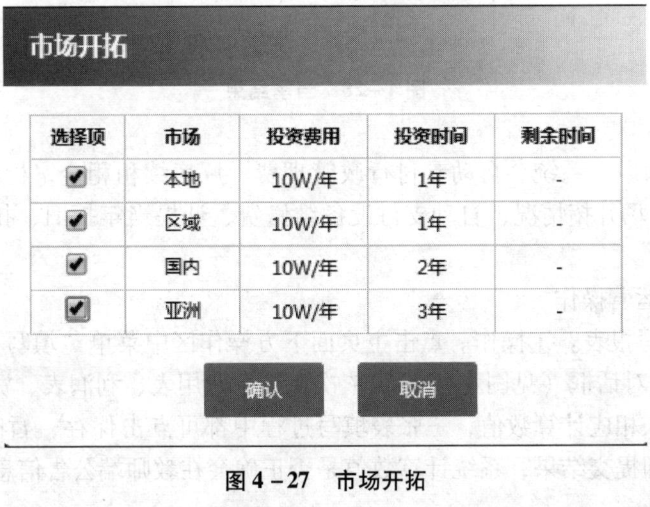

**市场开拓**

| 选择项 | 市场 | 投资费用 | 投资时间 | 剩余时间 |
| --- | --- | --- | --- | --- |
| ☑ | 本地 | 10W/年 | 1年 | - |
| ☑ | 区域 | 10W/年 | 1年 | - |
| ☑ | 国内 | 10W/年 | 2年 | - |
| ☑ | 亚洲 | 10W/年 | 3年 | - |

确认　　取消

图 4 - 27　市场开拓

第1年需支付50W（各类市场各10W）市场开拓费用，且当即完成本地市场的开拓，即在第2年年初的订货会上可对本地市场投放广告、选取订单；

第2年年末需支付30W（国内、亚洲、国际各10W）市场开拓费用，且完成区域市场和国内市场的开拓，即在第3年年初的订货会上可对本地市场、区域市场和国内市场投放广告、选取订单；

第3年年末需支付20W（亚洲、国际各10W）市场开拓费用，且完成亚洲市场的开拓，即在第4年年初的订货会上可对本地、区域、国内和亚洲市场投放广告、选取订单；

第4年年末需支付10W（国际市场10W）市场开拓费用，且完成国际市场的开拓，即在第5年年初的订货会上可对所有市场投放广告、选取订单。

（17）当季（年）结束。①操作。该操作在每年1~3季度末显示"当季结束"，每年第4季度末显示"当年结束"。点击主页面下方操作区中菜单"当季结束"或"当年结束"，弹出"当季结束"（见图4-28）或"当年结束"对话框（见图4-29）。核对当季（年）结束需要支付或更新的事项。确认无误后，点击确定即可。②说明。当季结束时，系统会自动支付行政管理费、厂房续租租金，检查产品开发完成情况。

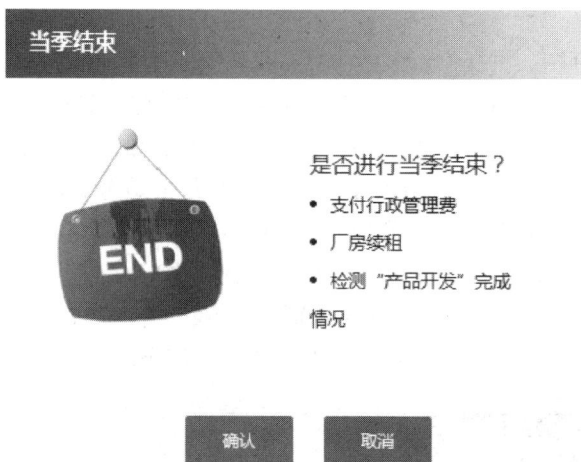

当季结束

是否进行当季结束？
• 支付行政管理费
• 厂房续租
• 检测"产品开发"完成情况

确认    取消

图4-28  当季结束

当年结束时，系统会自动支付行政管理费、厂房续租租金，检测产品开发、ISO投资、市场开拓情况，自动支付设备维修费、计提当年折旧、扣除产品违约订单的罚款。

3. 年末运营操作。

（1）填写报表。①操作。点击主页面下方操作区中菜单"填写报表"，弹出"填写报表"对话框（见图4-30）。依次在综合费用表、利润表、资产负债表的编辑框内输入相应计算数值，三张表填写过程中都可点击保存，暂时保存数据。点击提交，即提交结果，系统计算数值是否正确会在教师端公告信息中显示判断

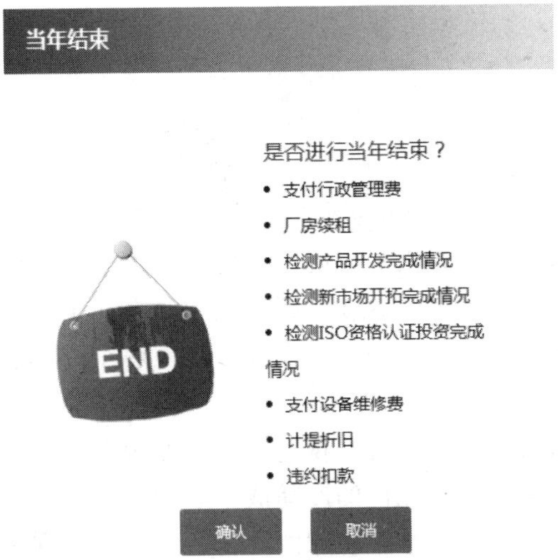

图 4 – 29　当年结束

结果。②说明。综合费用表反映企业期间费用的情况，具体包括管理费用、广告费、设备维护费、厂房租金、市场开拓费、ISO 认证费、产品研发费、信息费和其他等项目。其中信息费是指企业为查看竞争对手的财务信息而向提供信息的平台支付的费用，具体由规则确定。

图 4 – 30　填写报表

利润表反映企业当期的盈利情况，具体包括销售收入、直接成本、综合费用、折旧、财务费用、所得税等项目。其中销售收入为当期按订单交货后取得的收入总额，直接成本为当期销售产品的总成本，综合费用根据"综合费用表"中的合计数填列，折旧系当期生产线折旧总额，财务费用为当期借款所产生的利息总额，所得税根据利润总额计算。

此外，下列项目系统自动计算，公式如下：

$$销售毛利 = 销售收入 - 直接成本$$
$$折旧前利润 = 销售毛利 - 综合费用$$
$$支付利息前利润 = 折旧前利润 - 折旧$$
$$税前利润 = 支付利息前利润 - 财务费用$$
$$净利润 = 税前利润 - 所得税$$

资产负债表反映企业当期财务状况，具体包括现金、应收款、在制品、产成品、原材料等流动资产，土地建筑物、机器设备和在建工程等固定资产，长期借款、短期借款、特别贷款、应交税费等负债，以及股东资本、利润留存、年度净利等所有者权益项目。

其中，相关项目填列方法如下：现金根据企业现金结存数填列。应收款根据应收款余额填列。在制品根据在产的产品成本填列。产成品根据结存在库的完工产品总成本填列。原材料根据结存在库的原材料总成本填列。土地建筑物根据购入的厂房总价值填列。机器设备根据企业拥有的已经建造完成的生产线的总净值填列。在建工程根据企业拥有的在建的生产线的总价值填列。长期借款根据长期借款余额填列。短期借款根据短期借款余额填列。特别贷款根据后台特别贷款总额填列（一般不会遇到）。应交税费根据计算出的应缴纳的所得税金额填列。股东资本根据企业收到的股东注资总额填列。利润留存根据截至上年年末至企业的利润结存情况填列。年度利润根据本年度的利润表中的净利润填列。

（2）投放广告。①操作。该操作在每年年初进行，点击主页面下方操作区中菜单"投放广告"，弹出"投放广告"对话框（见图4-31），录入各市场广告费，点击确认即可。②说明。市场开拓完成，相应的市场显示为黑色字体，则可在该市场投放广告费。若市场显示为红色字体，则表示该市场尚未开拓完成，则不可在该市场投放广告费。市场广告费的投放要根据市场的竞争激烈程度、企业自身的产能布置、发展战略、竞争对手的广告投放策略等多方面因素综合考虑。广告投放后，就可等待教师/裁判开启订货会，订货会开始的前提是所有的小组均完成广告投放，教师/裁判才会开启订货会。

| 产品市场 | 本地 | | 区域 | | 国内 | | 亚洲 | |
|---|---|---|---|---|---|---|---|---|
| P1 | 0 | W | 0 | W | 0 | W | 0 | W |
| P2 | 0 | W | 0 | W | 0 | W | 0 | W |
| P3 | 0 | W | 0 | W | 0 | W | 0 | W |

图4-31 广告投放

4. 流程外运营操作。

（1）贴现。①操作。此操作随时可进行，点击主页面下方操作区中菜单

"贴现",弹出"贴现"对话框(见图4-32)。弹出框中显示可以贴现的应收款金额,选好贴现期,在贴现额一列输入要贴现的金额。点击确定,系统根据不同贴现期扣除不同贴息,将贴现金额加入现金。②说明。贴现是指将提前收回未到期的应收款,因为该应收款并非正常到期收回,所以贴现时需支付相应的贴现利息。贴现利息=贴现金额×贴现率,贴现率由教师/裁判在系统参数中设定,相关规定详见规则说明。这一操作一般在企业短期存在现金短缺,且无法通过成本更低的正常贷款取得现金流时才考虑使用。③举例。假定某企业账期为1Q和2Q的应收款贴现率为10%,账期为3Q和4Q的应收款贴现率为12.5%,若将账期为2Q、金额为10W的应收款和账期为3Q、金额为20W应收款同时贴现,则:

$$贴现利息 = 10W \times 10\% + 20W \times 12.5 = 3.5W$$

约等于4W,规则规定贴现利息一律向上取整。

$$实收金额 = 10 + 20 - 4 = 26W$$

贴现后收到的26W,当即增加企业现金,产生的贴现利息4W,作为财务费用入账。

**图4-32　贴现**

(2) 紧急采购。①操作。该操作随时可进行,点击主页面下方操作区中菜单"紧急采购",弹出"紧急采购"对话框(见图4-33)。显示当前企业的原料、产品的库存数量以及紧急采购价格,在订购量一列输入数值。点击确定即可。②说明。紧急采购是为了解决材料或产品临时短缺而出现的,企业原材料订购不足或产品未能按时生产出来,均可能造成产品订单不能按时交货,从而导致订单违约,而失去该订单收入和支付违约损失,为避免该损失,企业可通过紧急采购少量的短缺原材料或产品,从而满足生产或交货的需要,促使产品订单按时交货,由此取得相应的销售利润。紧急采购价格一般比正常的采购价要高很多,具体由教师/裁判在参数设置中设定。操作时既可以紧急采购原材料,也可以紧急采购库存产品。

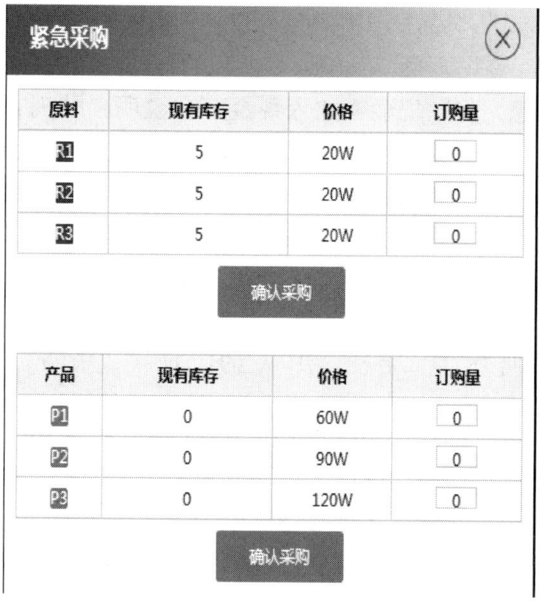

紧急采购

| 原料 | 现有库存 | 价格 | 订购量 |
| --- | --- | --- | --- |
| R1 | 5 | 20W | 0 |
| R2 | 5 | 20W | 0 |
| R3 | 5 | 20W | 0 |

确认采购

| 产品 | 现有库存 | 价格 | 订购量 |
| --- | --- | --- | --- |
| P1 | 0 | 60W | 0 |
| P2 | 0 | 90W | 0 |
| P3 | 0 | 120W | 0 |

确认采购

图 4－33　紧急采购

（3）出售库存。①操作。该操作随时可进行，点击主页面下方操作区中菜单“出售库存”，弹出“出售库存”对话框（见图 4－34）。显示当前企业的原料、产品的库存数量以及出售价格，在出售数量一列输入数值。点击确定即可。②说明。企业一般只有在资金极度短缺时才会考虑出售库存。库存出售一般会在成本的基础上打折销售，出售价由教师/裁判在参数设置中设定。

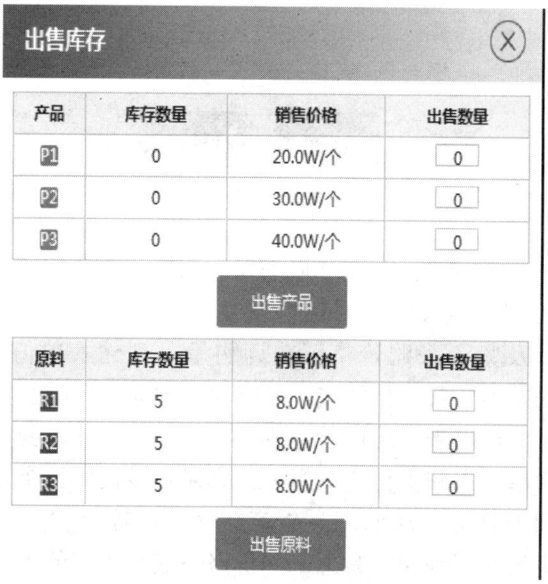

出售库存

| 产品 | 库存数量 | 销售价格 | 出售数量 |
| --- | --- | --- | --- |
| P1 | 0 | 20.0W/个 | 0 |
| P2 | 0 | 30.0W/个 | 0 |
| P3 | 0 | 40.0W/个 | 0 |

出售产品

| 原料 | 库存数量 | 销售价格 | 出售数量 |
| --- | --- | --- | --- |
| R1 | 5 | 8.0W/个 | 0 |
| R2 | 5 | 8.0W/个 | 0 |
| R3 | 5 | 8.0W/个 | 0 |

出售原料

图 4－34　出售库存

（4）厂房贴现。①操作。该操作随时可进行，点击主页面下方操作区中菜单"厂房贴现"，弹出"厂房贴现"对话框（见图 4 - 35）。弹出框中显示可以贴现的厂房信息，选择某一类厂房，点击确定贴现。系统根据每类厂房出售价格贴现，如果有生产线扣除该厂房的租金，保证厂房继续经营。②说明。该操作实质上是将厂房卖出（买转租）产生的应收款直接贴现取得现金。它与厂房处理中的卖出（买转租）的区别就在于，"卖出（买转租）"操作时产生的应收款并未直接贴现，而厂房贴现则直接将卖出（买转租）产生的应收款同时贴现掉。

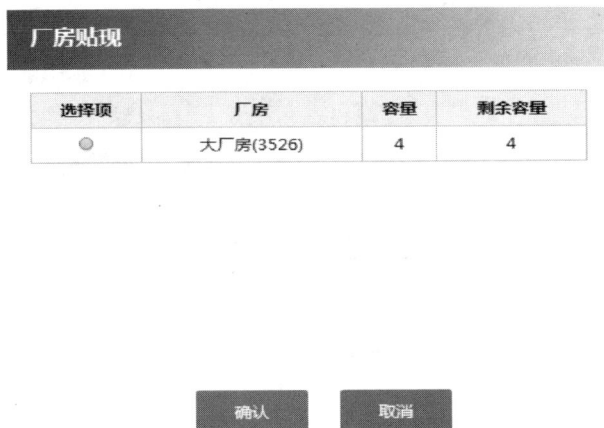

**厂房贴现**

| 选择项 | 厂房 | 容量 | 剩余容量 |
|---|---|---|---|
| ◉ | 大厂房(3526) | 4 | 4 |

确认　　取消

**图 4 - 35　厂房贴现**

（5）订单信息。①操作。此操作随时可进行，点击主页面下方操作区中菜单"订单信息"，弹出"订单信息"对话框（见图 4 - 36）。弹出框中显示当前企业所有年份获得的订单，可以查询每条订单的完成时间、状态等信息。②说明。企业随时可点击"订单信息"查阅所取得的订单情况，从而确定生产安排、交货安排等情况。

**订单信息**　　⊗

| 订单编号 | 市场 | 产品 | 数量 | 总价 | 状态 | 订单年份 | 交货期 | 账期 | ISO | 交货时间 |
|---|---|---|---|---|---|---|---|---|---|---|
| S211_06 | 本地 | P1 | 4 | 201W | 未到期 | 第2年 | 4季 | 1季 | - | - |
| S211_07 | 本地 | P1 | 4 | 179W | 未到期 | 第2年 | 4季 | 0季 | - | - |
| S211_03 | 本地 | P1 | 4 | 208W | 未到期 | 第2年 | 4季 | 3季 | - | - |
| S211_05 | 本地 | P1 | 1 | 53W | 未到期 | 第2年 | 4季 | 3季 | - | - |
| S211_01 | 本地 | P1 | 4 | 208W | 未到期 | 第2年 | 4季 | 1季 | - | - |
| S211_04 | 本地 | P1 | 2 | 96W | 未到期 | 第2年 | 4季 | 2季 | - | - |
| S211_10 | 本地 | P1 | 2 | 96W | 未到期 | 第2年 | 4季 | 2季 | - | - |

**图 4 - 36　订单信息**

（6）间谍。①操作。点击主页面下方操作区中菜单"间谍"，弹出"间谍"对话框（见图4－37）。确认下载即可。②说明。间谍中可显示获得自己公司信息和其他组信息两种方式，可免费获取自己公司信息，以Excel形式查阅或保存企业经营数据。若要查看其他公司的信息，则需支付教师/裁判在参数设置中设定的间谍费，才能以Excel形式查询其他企业任一组的数据。

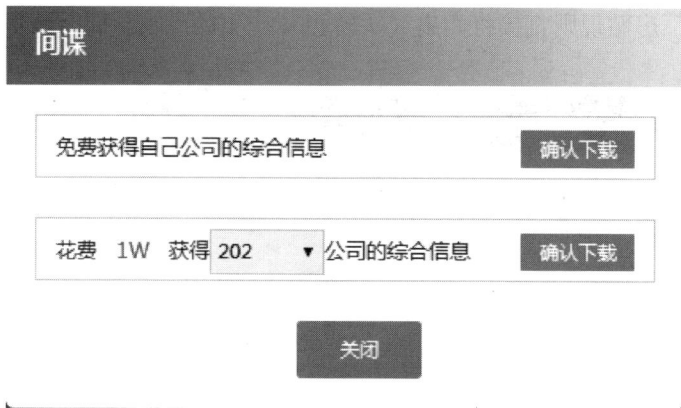

图4－37　间谍

## 4.2　新商战电子沙盘中企业运营的规则

电子沙盘跟手工沙盘的运行流程基本一致，最大的区别在于规则和订单上。手工沙盘的订单是固定的，规则可以微调。电子沙盘的规则和订单可以视参加组数的多少自行定制和修改，即规则是可变的。下文的规则只是作为一个例子来介绍，具体教学时，以软件系统中展示的文本为准。

1. 生产线。生产线规则具体如表4－3所示。

表4－3　　　　　　　　　　　　　　生产线规则

| 生产线 | 购置费 | 安装周期 | 生产周期 | 维修费 | 残值 | 转产周期 | 转产费 | 分值 |
|---|---|---|---|---|---|---|---|---|
| 超级手工线 | 35W | 无 | 2Q | 5W/年 | 5W | 无 | 无 | 0分 |
| 自动线 | 150W | 3Q | 1Q | 20W/年 | 30W | 1Q | 20W | 8分 |
| 柔性线 | 200W | 4Q | 1Q | 20W/年 | 40W | 无 | 无 | 10分 |
| 租赁线 | 0W | 无 | 1Q | 65W/年 | −65W | 1Q | 20W | 0分 |

（1）不论何时出售生产线，从生产线净值中取出相当于残值的部分计入现金，净值与残值之差计入损失。（2）只有空闲的生产线方可转产。（3）已建成的生产线都要交维修费。

2. 折旧（平均年限法）。折旧规则如表 4 - 4 所示。

表 4 - 4　　　　　　　　　　　　　　折旧规则

| 生产线 | 购置费 | 残值 | 建成第 1 年 | 建成第 2 年 | 建成第 3 年 | 建成第 4 年 | 建成第 5 年 |
|---|---|---|---|---|---|---|---|
| 超级手工线 | 35W | 5W | 0W | 10W | 10W | 10W | 0W |
| 自动线 | 150W | 30W | 0W | 30W | 30W | 30W | 30W |
| 柔性线 | 200W | 40W | 0W | 40W | 40W | 40W | 40W |

（1）当生产线净值等于残值时生产线不再计提折旧，但可以继续使用。
（2）生产线建成第 1 年（当年）不计提折旧。

3. 厂房。厂房规则如表 4 - 5 所示。

表 4 - 5　　　　　　　　　　　　　　厂房规则

| 厂房 | 购买价格 | 租金 | 出售价格 | 容量 | 购买上限 | 分值 |
|---|---|---|---|---|---|---|
| 大厂房 | 400W | 40W/年 | 400W | 4 条 | 4 个 | 10 分 |
| 中厂房 | 300W | 30W/年 | 300W | 3 条 | 4 个 | 8 分 |
| 小厂房 | 180W | 18W/年 | 180W | 2 条 | 4 个 | 7 分 |

（1）租用或购买厂房可以在任何季度进行。如果决定租用厂房或者厂房买转租，租金在开始租用时交付。（2）厂房租入后，租期结束后才可作租转买、退租等处理，如果没有重新选择，系统自动做续租处理，租金在"当季结束"时和"行政管理费"一并扣除。（3）如需新建生产线，则厂房须有空闲空间。（4）当厂房中没有生产线，才可以选择退租。（5）厂房合计购/租上限为 4。（6）已购厂房随时可以按原值出售（如有租金须付清后才可出售，否则无法出售），获得账期为 4Q 的应收款。

4. 融资。融资规则如表 4 - 6 所示。

表 4 - 6　　　　　　　　　　　　　　融资规则

| 贷款类型 | 贷款时间 | 贷款额度 | 年息 | 还款方式 |
|---|---|---|---|---|
| 长期贷款 | 每年度初 | 所有贷款不超过上一年所有者权益的 3 倍，不低于 10W | 10% | 年初付息，到期还本 |
| 短期贷款 | 每季度初 | 所有贷款不超过上一年所有者权益的 3 倍，不低于 10W | 5% | 到期一次还本付息 |
| 资金贴现 | 任何时间 | 视应收款额 | 10%（1 季度，2 季度）；12.5%（3 季度，4 季度） | 贴现各账期分开核算，分开计息。 |
| 库存拍卖 | | 原材料八折（向下取整），成品按成本价 | | |

规则说明：

（1）长期贷款期限为1～5年，短期贷款期限为四个季度（1年）。

（2）长期贷款借入当年不付息，第2年年初开始，每年按年利率支付利息，到期还本时，支付最后一年利息。

（3）短期贷款到期时，一次性还本付息。

（4）长期贷款和短期贷款均不可提前还款。

（5）如与参数有冲突，以参数为准。

5. 市场准入。市场准入规则如表4-7所示。

表4-7　　　　　　　　　　　　　　市场准入规则

| 市场 | 开发费用 | 时间 | 分值 |
|---|---|---|---|
| 本地 | 10W/年×1年=10W | 1年 | 7分 |
| 区域 | 10W/年×1年=10W | 1年 | 7分 |
| 国内 | 10W/年×2年=20W | 2年 | 8分 |
| 亚洲 | 10W/年×3年=30W | 3年 | 9分 |
| 国际 | 10W/年×4年=40W | 4年 | 10分 |

市场开拓，只能在每年第4季度操作。

6. ISO认证。ISO认证规则如表4-8所示。

表4-8　　　　　　　　　　　　　　ISO认证规则

| 市场 | 开发费用 | 时间 | 分值 |
|---|---|---|---|
| ISO9000 | 10W/年×2年=20W | 2年 | 8分 |
| ISO14000 | 20W/年×2年=40W | 2年 | 10分 |

ISO认证，只能在每年第4季度操作。

7. 产品研发。产品研发规则如表4-9所示。

表4-9　　　　　　　　　　　　　　产品研发规则

| 名称 | 开发费用 | 开发周期 | 加工费 | 直接成本 | 产品组成 | 分值 |
|---|---|---|---|---|---|---|
| P1 | 10W/季×2季=20W | 2季 | 10W/个 | 20W/个 | R1 | 7分 |
| P2 | 10W/季×3季=30W | 3季 | 10W/个 | 30W/个 | R2+R3 | 8分 |
| P3 | 10W/季×4季=40W | 4季 | 10W/个 | 40W/个 | R1+R3+R4 | 9分 |
| P4 | 10W/季×5季=50W | 5季 | 10W/个 | 50W/个 | P1+R2+R4 | 10分 |

8. 原材料。原材料规则如表 4 – 10 所示。

表 4 – 10　　　　　　　　　　　　原材料规则

| 名称 | 购买价格 | 提前期 |
|---|---|---|
| R1 | 10W/个 | 1 季 |
| R2 | 10W/个 | 1 季 |
| R3 | 10W/个 | 2 季 |
| R4 | 10W/个 | 2 季 |

9. 紧急采购。

（1）付款即到货，可马上投入生产或销售，原材料价格为直接成本的 2 倍，成品价格为直接成本的 3 倍。即紧急采购 R1 或 R2，每个原材料单价为 20W/个，紧急采购 P1 单价为 60W/个，紧急采购 P2 单价为 90W/个。（2）紧急采购原材料和产品时，直接扣除现金。上报报表时，成本仍然按照标准成本记录，紧急采购多付出的成本记入费用表"损失"。（3）如与参数冲突，以参数为准。

10. 选单规则。

以当年本市场本产品广告额投放大小顺序依次选单；如果两组本市场本产品广告额相同，则看当年本市场广告投放总额；如果当年本市场广告总额也相同，则看上年该市场销售排名；如仍相同，先投广告者先选单。

如参数中选择有市场老大，老大有该市场所有产品优先选单权。

提请注意：

● 必须在倒计时大于 5 秒时选单，出现确认框要在 3 秒内按下确认按钮，否则可能造成选单无效。

● 每组每轮选单只能先选择 1 张订单，待所有投放广告组完成第一轮选单后还有订单，该市场该产品广告额大于等于 3W 的组将获得第二轮选单机会，选单顺序和第一轮相同；第二轮选单完成后，该市场该产品广告额大于等于 5W 的组将获得第三轮选单机会，选单顺序和第一轮相同；以此类推。

● 在某细分市场（如本地、P1）有多次选单机会，只要放弃一次，则视同放弃该细分市场所有选单机会。

● 选单中有意外，请立即告知老师，老师会暂停倒计时。

● 市场老大指上一年某市场内所有产品销售总额最多，且该市场没有违约的那家企业，如果出现多组销售总额相等，则市场无老大。

11. 取整规则。

违约金扣除——四舍五入。

库存出售所得现金——向下取整。

贴现费用——向上取整。

贷款利息——四舍五入。

12. 重要参数。(见表 4-11)

表 4-11　　　　　　　　　　　重要参数

| 违约金比例 | 20% | 贷款额倍数 | 3 倍 |
|---|---|---|---|
| 产品折价率 | 100% | 原材料折价率 | 80% |
| 长贷利率 | 10% | 短贷利率 | 5% |
| 1、2 期贴现率 | 10% | 3、4 期贴现率 | 12.5% |
| 初始现金 | 600W | 管理费 | 10W |
| 信息费 | 1W | 所得税率 | 25% |
| 最大长贷年限 | 5 年 | 最小订单广告额 | 10W |
| 原材料紧急采购倍数 | 2 倍 | 产品紧急采购倍数 | 3 倍 |
| 选单时间 | 45 秒 | 首位选单补时 | 15 秒 |
| 市场同开数量 | 3 | 市场老大 | 无 |
| 竞单时间 | 90 秒 | 竞单同竞数 | 3 |
| 最大厂房数量 | 4 个 | | |

请注意：每市场每产品选单时第一个组选单时间为 60 秒，自第二个组起，选单时间设为 45 秒。

13. 破产处理。当某组权益为负（指当年结束系统生成资产负债表时为负）或现金断流时（即现金为负数，但权益和现金可以为零），企业破产。破产后，教师可通过注资等方式使其继续参与模拟经营实训。

14. 教学排名。教学结果以参加教学各组的第 6 年结束后的最终所有者权益进行评判，分数高者为优胜。如果出现最终权益相等的情况，则参照各组第 6 年结束后的最终盘面计算盘面加分值，加分值高的组排名在前（排行榜只限于排名之用，不记入最终权益值）。如果加分值仍相等，则比较第 6 年净利润，高者排名靠前，如果还相等，则先完成第 6 年经营的组排名在前。

总成绩 = 所有者权益 × (1 + 企业综合发展潜力/100)

企业综合发展潜力 = 市场资格分值 + ISO 资格分值 + 生产资格分值 + 厂房分值 + 各条生产线分值

生产线建成（包括转产）即加分，无须生产出产品，也无须有在制品；厂房必须为买。

15. 关于摆盘和巡盘。教学过程中使用实物沙盘摆盘，只需要摆出当年结束状态，不要求中间过程。本次摆盘要求摆出生产线（含在制品）、生产线净值、在建工程、现金、应收款（包括金额与账期）、原材料库存、产成品库存、各种资格、摆厂房、原材料订单、各类费用；年末由老师统一发令，可观看其他组的盘面，不得向其他组询问摆盘信息之外的其他信息。巡盘期间至少留一人在本组。

## 4.3 模拟企业运营实录

在企业模拟经营电子沙盘中，由 CEO 领导组内成员按照企业经营的流程进行操作，其中每年度的"企业经营流程"表由 CEO 填写。在每项工作完成后，由 CEO 在相应的方格内打钩确认，以示完成。如果涉及现金收支业务，则应在财务总监的协助下将现金收支的数额填写在相应方格内（见表 4 – 12 ～表 4 – 47）。

表 4 – 12　　　　　　　　　　第 1 年

| | | | | |
|---|---|---|---|---|
| 年初现金盘点 | | | | |
| 申请长期贷款 | | | | |
| 季初现金盘点（请填余额） | | | | |
| 更新短期贷款/还本付息 | | | | |
| 更新生产/完工入库 | | | | |
| 生产线完工 | | | | |
| 申请短期贷款 | | | | |
| 更新原料库（购买到期的原料，更新在途原料） | | | | |
| 订购原料 | | | | |
| 购租厂房（选择厂房类型，选择购买或租赁） | | | | |
| 新建生产线（选择生产线类型及生产产品种类） | | | | |
| 在建生产线（生产线第二、三、四期的投资） | | | | |
| 生产线转产（选择转产产品种类） | | | | |
| 出售生产线 | | | | |
| 开始下一批生产（空置的生产线开始新一轮生产） | | | | |
| 更新应收款（输入从应收款一期更新到现金库的金额） | | | | |
| 按订单交货 | | | | |
| 厂房处理 | | | | |
| 产品研发投资 | | | | |
| 支付行政管理费 | | | | |
| 新市场开拓 | | | | |
| ISO 资格认证投资 | | | | |
| 支付设备维修费 | | | | |
| 计提折旧 | | | | |
| 违约扣款 | | | | |

| | | | | |
|---|---|---|---|---|
| 紧急采购（随时进行） | | | | |
| 出售库存（随时进行） | | | | |
| 应收款贴现（随时进行） | | | | |
| 贴息（随时进行） | | | | |
| 其他现金收支情况登记（根据需要填写） | | | | |
| 期末现金对账（请填余额） | | | | |

**表 4－13　　　　　　　　　　订单登记表**

| 市　场 | | | | | | |
|---|---|---|---|---|---|---|
| 产　品 | | | | | | |
| 数　量 | | | | | | |
| 交货期 | | | | | | |
| 应收款账期 | | | | | | |
| 销售额 | | | | | | |
| 成　本 | | | | | | |
| 毛　利 | | | | | | |

**表 4－14　　　　　　　　　　产品核算统计表**

| | P1 | P2 | P3 | P4 | P5 | 合计 |
|---|---|---|---|---|---|---|
| 数量 | | | | | | |
| 销售额 | | | | | | |
| 成本 | | | | | | |
| 毛利 | | | | | | |

**表 4－15　　　　　　　　　　综合管理费用明细表**　　　　　　单位：W

| 项目 | 金额 | 备注 |
|---|---|---|
| 管理费 | | |
| 广告费 | | |
| 维修费 | | |
| 租金 | | |
| 转产费 | | |
| 市场准入开拓 | | □本地　□区域　□国内　□亚洲　□国际 |
| ISO 资格认证 | | □ISO9000　　□ISO14000 |
| 产品研发 | | P1（　）　P2（　）　P3（　）　P4（　）　P5（　） |
| 损失 | | |
| 合计 | | |

表 4 - 16　　　　　　　　　　　　　　利润表　　　　　　　　　　　　单位：W

| 项目 | 上年数 | 本年数 |
|---|---|---|
| 销售收入 | | |
| 直接成本 | | |
| 毛利 | | |
| 综合费用 | | |
| 折旧前利润 | | |
| 折旧 | | |
| 支付利息前利润 | | |
| 财务收入/支出 | | |
| 其他收入/支出 | | |
| 税前利润 | | |
| 所得税 | | |
| 净利润 | | |

表 4 - 17　　　　　　　　　　　　　　资产负债表

| 资产 | 期初数 | 期末数 | 负债和所有者权益 | 期初数 | 期末数 |
|---|---|---|---|---|---|
| 流动资产： | | | 负债： | | |
| 库存现金 | | | 长期借款 | | |
| 应收账款 | | | 短期借款 | | |
| 在制品 | | | 应付账款 | | |
| 库存商品 | | | 应交税费 | | |
| 原材料 | | | 一年内到期的长期借款 | | |
| 流动资产合计 | | | 负债合计 | | |
| 固定资产： | | | 所有者权益： | | |
| 土地和建筑 | | | 股东资本（股本） | | |
| 机器与设备 | | | 利润留存 | | |
| 在建工程 | | | 年度净利 | | |
| 固定资产合计 | | | 所有者权益合计 | | |
| 资产总计 | | | 负债和所有者权益总计 | | |

表 4－18                    第 2 年

| | | | | |
|---|---|---|---|---|
| 年初现金盘点 | | | | |
| 申请长期贷款 | | | | |
| 季初现金盘点（请填余额） | | | | |
| 更新短期贷款/还本付息 | | | | |
| 更新生产/完工入库 | | | | |
| 生产线完工 | | | | |
| 申请短期贷款 | | | | |
| 更新原料库（购买到期的原料，更新在途原料） | | | | |
| 订购原料 | | | | |
| 购租厂房（选择厂房类型，选择购买或租赁） | | | | |
| 新建生产线（选择生产线类型及生产产品种类） | | | | |
| 在建生产线（生产线第二、三、四期的投资） | | | | |
| 生产线转产（选择转产产品种类） | | | | |
| 出售生产线 | | | | |
| 开始下一批生产（空置的生产线开始新一轮生产） | | | | |
| 更新应收款（输入从应收款一期更新到现金库的金额） | | | | |
| 按订单交货 | | | | |
| 厂房处理 | | | | |
| 产品研发投资 | | | | |
| 支付行政管理费 | | | | |
| 新市场开拓 | | | | |
| ISO 资格认证投资 | | | | |
| 支付设备维修费 | | | | |
| 计提折旧 | | | | （ ） |
| 违约扣款 | | | | |
| 紧急采购（随时进行） | | | | |
| 出售库存（随时进行） | | | | |
| 应收款贴现（随时进行） | | | | |
| 贴息（随时进行） | | | | |
| 其他现金收支情况登记（根据需要填写） | | | | |
| 期末现金对账（请填余额） | | | | |

**表 4 – 19**　　　　　　　　　　　　　　订单登记表

| 市场 | | | | | | | | | |
|---|---|---|---|---|---|---|---|---|---|
| 产品 | | | | | | | | | |
| 数量 | | | | | | | | | |
| 交货期 | | | | | | | | | |
| 应收款账期 | | | | | | | | | |
| 销售额 | | | | | | | | | |
| 成本 | | | | | | | | | |
| 毛利 | | | | | | | | | |

**表 4 – 20**　　　　　　　　　　　　　产品核算统计表

| | P1 | P2 | P3 | P4 | P5 | 合计 |
|---|---|---|---|---|---|---|
| 数量 | | | | | | |
| 销售额 | | | | | | |
| 成本 | | | | | | |
| 毛利 | | | | | | |

**表 4 – 21**　　　　　　　　　　　　综合管理费用明细表　　　　　　　　单位：W

| 项目 | 金额 | 备注 |
|---|---|---|
| 管理费 | | |
| 广告费 | | |
| 维修费 | | |
| 租金 | | |
| 转产费 | | |
| 市场准入开拓 | | □本地　□区域　□国内　□亚洲　□国际 |
| ISO 资格认证 | | □ISO9000　□ISO14000 |
| 产品研发 | | P1（　）　P2（　）　P3（　）　P4（　）　P5（　） |
| 损失 | | |
| 合计 | | |

**表 4 – 22**　　　　　　　　　　　　　　利润表　　　　　　　　　　单位：W

| 项目 | 上年数 | 本年数 |
|---|---|---|
| 销售收入 | | |
| 直接成本 | | |

| 项目 | 上年数 | 本年数 |
|---|---|---|
| 毛利 | | |
| 综合费用 | | |
| 折旧前利润 | | |
| 折旧 | | |
| 支付利息前利润 | | |
| 财务收入/支出 | | |
| 其他收入/支出 | | |
| 税前利润 | | |
| 所得税 | | |
| 净利润 | | |

表 4 - 23                         资产负债表

| 资产 | 期初数 | 期末数 | 负债和所有者权益 | 期初数 | 期末数 |
|---|---|---|---|---|---|
| 流动资产： | | | 负债： | | |
| 库存现金 | | | 长期借款 | | |
| 应收账款 | | | 短期借款 | | |
| 在制品 | | | 应付账款 | | |
| 库存商品 | | | 应交税费 | | |
| 原材料 | | | 一年内到期的长期借款 | | |
| 流动资产合计 | | | 负债合计 | | |
| 固定资产： | | | 所有者权益： | | |
| 土地和建筑 | | | 股东资本（股本） | | |
| 机器与设备 | | | 利润留存 | | |
| 在建工程 | | | 年度净利 | | |
| 固定资产合计 | | | 所有者权益合计 | | |
| 资产总计 | | | 负债和所有者权益总计 | | |

**表 4 - 24**　　　　　　　　　　　　**第 3 年**

| | | | | |
|---|---|---|---|---|
| 年初现金盘点 | | | | |
| 申请长期贷款 | | | | |
| 季初现金盘点（请填余额） | | | | |
| 更新短期贷款/还本付息 | | | | |
| 更新生产/完工入库 | | | | |
| 生产线完工 | | | | |
| 申请短期贷款 | | | | |
| 更新原料库（购买到期的原料，更新在途原料） | | | | |
| 订购原料 | | | | |
| 购租厂房（选择厂房类型，选择购买或租赁） | | | | |
| 新建生产线（选择生产线类型及生产产品种类） | | | | |
| 在建生产线（生产线第二、三、四期的投资） | | | | |
| 生产线转产（选择转产产品种类） | | | | |
| 出售生产线 | | | | |
| 开始下一批生产（空置的生产线开始新一轮生产） | | | | |
| 更新应收款（输入从应收款一期更新到现金库的金额） | | | | |
| 按订单交货 | | | | |
| 厂房处理 | | | | |
| 产品研发投资 | | | | |
| 支付行政管理费 | | | | |
| 新市场开拓 | | | | |
| ISO 资格认证投资 | | | | |
| 支付设备维修费 | | | | |
| 计提折旧 | | | | （ ） |
| 违约扣款 | | | | |
| 紧急采购（随时进行） | | | | |
| 出售库存（随时进行） | | | | |
| 应收款贴现（随时进行） | | | | |
| 贴息（随时进行） | | | | |
| 其他现金收支情况登记（根据需要填写） | | | | |
| 期末现金对账（请填余额） | | | | |

表 4 - 25　　　　　　　　　　　　　　订单登记表

| 市场 | | | | | | | | |
|---|---|---|---|---|---|---|---|---|
| 产品 | | | | | | | | |
| 数量 | | | | | | | | |
| 交货期 | | | | | | | | |
| 应收款账期 | | | | | | | | |
| 销售额 | | | | | | | | |
| 成本 | | | | | | | | |
| 毛利 | | | | | | | | |

表 4 - 26　　　　　　　　　　　　　产品核算统计表

| | P1 | P2 | P3 | P4 | P5 | 合计 |
|---|---|---|---|---|---|---|
| 数量 | | | | | | |
| 销售额 | | | | | | |
| 成本 | | | | | | |
| 毛利 | | | | | | |

表 4 - 27　　　　　　　　　　　综合管理费用明细表　　　　　　　　　　单位：W

| 项目 | 金额 | 备注 |
|---|---|---|
| 管理费 | | |
| 广告费 | | |
| 维修费 | | |
| 租金 | | |
| 转产费 | | |
| 市场准入开拓 | | □本地　□区域　□国内　□亚洲　□国际 |
| ISO 资格认证 | | □ISO9000　　□ISO14000 |
| 产品研发 | | P1（　）P2（　）P3（　）P4（　）P5（　） |
| 损失 | | |
| 合计 | | |

表 4 - 28　　　　　　　　　　　　　　　利润表　　　　　　　　　　　　单位：W

| 项目 | 上年数 | 本年数 |
|---|---|---|
| 销售收入 | | |
| 直接成本 | | |

续表

| 项目 | 上年数 | 本年数 |
|---|---|---|
| 毛利 | | |
| 综合费用 | | |
| 折旧前利润 | | |
| 折旧 | | |
| 支付利息前利润 | | |
| 财务收入/支出 | | |
| 其他收入/支出 | | |
| 税前利润 | | |
| 所得税 | | |
| 净利润 | | |

表 4 – 29　　　　　　　　　　资产负债表

| 资产 | 期初数 | 期末数 | 负债和所有者权益 | 期初数 | 期末数 |
|---|---|---|---|---|---|
| 流动资产： | | | 负债： | | |
| 库存现金 | | | 长期借款 | | |
| 应收账款 | | | 短期借款 | | |
| 在制品 | | | 应付账款 | | |
| 库存商品 | | | 应交税费 | | |
| 原材料 | | | 一年内到期的长期借款 | | |
| 流动资产合计 | | | 负债合计 | | |
| 固定资产： | | | 所有者权益： | | |
| 土地和建筑 | | | 股东资本（股本） | | |
| 机器与设备 | | | 利润留存 | | |
| 在建工程 | | | 年度净利 | | |
| 固定资产合计 | | | 所有者权益合计 | | |
| 资产总计 | | | 负债和所有者权益总计 | | |

表 4 – 30                                            第 4 年

| | | | | |
|---|---|---|---|---|
| 年初现金盘点 | | | | |
| 申请长期贷款 | | | | |
| 季初现金盘点（请填余额） | | | | |
| 更新短期贷款/还本付息 | | | | |
| 更新生产/完工入库 | | | | |
| 生产线完工 | | | | |
| 申请短期贷款 | | | | |
| 更新原料库（购买到期的原料，更新在途原料） | | | | |
| 订购原料 | | | | |
| 购租厂房（选择厂房类型，选择购买或租赁） | | | | |
| 新建生产线（选择生产线类型及生产产品种类） | | | | |
| 在建生产线（生产线第二、三、四期的投资） | | | | |
| 生产线转产（选择转产产品种类） | | | | |
| 出售生产线 | | | | |
| 开始下一批生产（空置的生产线开始新一轮生产） | | | | |
| 更新应收款（输入从应收款一期更新到现金库的金额） | | | | |
| 按订单交货 | | | | |
| 厂房处理 | | | | |
| 产品研发投资 | | | | |
| 支付行政管理费 | | | | |
| 新市场开拓 | | | | |
| ISO 资格认证投资 | | | | |
| 支付设备维修费 | | | | |
| 计提折旧 | | | | （ ） |
| 违约扣款 | | | | |
| 紧急采购（随时进行） | | | | |
| 出售库存（随时进行） | | | | |
| 应收款贴现（随时进行） | | | | |
| 贴息（随时进行） | | | | |
| 其他现金收支情况登记（根据需要填写） | | | | |
| 期末现金对账（请填余额） | | | | |

表 4 - 31                                       订单登记表

| 市场 | | | | | | | |
|---|---|---|---|---|---|---|---|
| 产品 | | | | | | | |
| 数量 | | | | | | | |
| 交货期 | | | | | | | |
| 应收款账期 | | | | | | | |
| 销售额 | | | | | | | |
| 成本 | | | | | | | |
| 毛利 | | | | | | | |

表 4 - 32                                      产品核算统计表

| | P1 | P2 | P3 | P4 | P5 | 合计 |
|---|---|---|---|---|---|---|
| 数量 | | | | | | |
| 销售额 | | | | | | |
| 成本 | | | | | | |
| 毛利 | | | | | | |

表 4 - 33                          综合管理费用明细表                          单位：W

| 项目 | 金额 | 备注 |
|---|---|---|
| 管理费 | | |
| 广告费 | | |
| 维修费 | | |
| 租金 | | |
| 转产费 | | |
| 市场准入开拓 | | □本地　□区域　□国内　□亚洲　□国际 |
| ISO 资格认证 | | □ISO9000　□ISO14000 |
| 产品研发 | | P1（　）　P2（　）　P3（　）　P4（　）　P5（　） |
| 损失 | | |
| 合计 | | |

表 4 - 34                                        利润表                                        单位：W

| 项目 | 上年数 | 本年数 |
|---|---|---|
| 销售收入 | | |
| 直接成本 | | |

续表

| 项目 | 上年数 | 本年数 |
|---|---|---|
| 毛利 | | |
| 综合费用 | | |
| 折旧前利润 | | |
| 折旧 | | |
| 支付利息前利润 | | |
| 财务收入/支出 | | |
| 其他收入/支出 | | |
| 税前利润 | | |
| 所得税 | | |
| 净利润 | | |

表 4 – 35    资产负债表

| 资产 | 期初数 | 期末数 | 负债和所有者权益 | 期初数 | 期末数 |
|---|---|---|---|---|---|
| 流动资产: | | | 负债: | | |
| 库存现金 | | | 长期借款 | | |
| 应收账款 | | | 短期借款 | | |
| 在制品 | | | 应付账款 | | |
| 库存商品 | | | 应交税费 | | |
| 原材料 | | | 一年内到期的长期借款 | | |
| 流动资产合计 | | | 负债合计 | | |
| 固定资产: | | | 所有者权益: | | |
| 土地和建筑 | | | 股东资本（股本） | | |
| 机器与设备 | | | 利润留存 | | |
| 在建工程 | | | 年度净利 | | |
| 固定资产合计 | | | 所有者权益合计 | | |
| 资产总计 | | | 负债和所有者权益总计 | | |

表 4 - 36　　　　　　　　　　第 5 年

| | | | | |
|---|---|---|---|---|
| 年初现金盘点 | | | | |
| 申请长期贷款 | | | | |
| 季初现金盘点（请填余额） | | | | |
| 更新短期贷款/还本付息 | | | | |
| 更新生产/完工入库 | | | | |
| 生产线完工 | | | | |
| 申请短期贷款 | | | | |
| 更新原料库（购买到期的原料，更新在途原料） | | | | |
| 订购原料 | | | | |
| 购租厂房（选择厂房类型，选择购买或租赁） | | | | |
| 新建生产线（选择生产线类型及生产产品种类） | | | | |
| 在建生产线（生产线第二、三、四期的投资） | | | | |
| 生产线转产（选择转产产品种类） | | | | |
| 出售生产线 | | | | |
| 开始下一批生产（空置的生产线开始新一轮生产） | | | | |
| 更新应收款（输入从应收款一期更新到现金库的金额） | | | | |
| 按订单交货 | | | | |
| 厂房处理 | | | | |
| 产品研发投资 | | | | |
| 支付行政管理费 | | | | |
| 新市场开拓 | | | | |
| ISO 资格认证投资 | | | | |
| 支付设备维修费 | | | | |
| 计提折旧 | | | | （　） |
| 违约扣款 | | | | |
| 紧急采购（随时进行） | | | | |
| 出售库存（随时进行） | | | | |
| 应收款贴现（随时进行） | | | | |
| 贴息（随时进行） | | | | |
| 其他现金收支情况登记（根据需要填写） | | | | |
| 期末现金对账（请填余额） | | | | |

**表 4 – 37** 订单登记表

| 市场 | | | | | | | | |
|---|---|---|---|---|---|---|---|---|
| 产品 | | | | | | | | |
| 数量 | | | | | | | | |
| 交货期 | | | | | | | | |
| 应收款账期 | | | | | | | | |
| 销售额 | | | | | | | | |
| 成本 | | | | | | | | |
| 毛利 | | | | | | | | |

**表 4 – 38** 产品核算统计表

| | P1 | P2 | P3 | P4 | P5 | 合计 |
|---|---|---|---|---|---|---|
| 数量 | | | | | | |
| 销售额 | | | | | | |
| 成本 | | | | | | |
| 毛利 | | | | | | |

**表 4 – 39** 综合管理费用明细表　单位：W

| 项目 | 金额 | 备注 |
|---|---|---|
| 管理费 | | |
| 广告费 | | |
| 维修费 | | |
| 租金 | | |
| 转产费 | | |
| 市场准入开拓 | | □本地　□区域　□国内　□亚洲　□国际 |
| ISO 资格认证 | | □ISO9000　□ISO14000 |
| 产品研发 | | P1（ ）　P2（ ）　P3（ ）　P4（ ）　P5（ ） |
| 损失 | | |
| 合计 | | |

**表 4 – 40** 利润表　单位：W

| 项目 | 上年数 | 本年数 |
|---|---|---|
| 销售收入 | | |
| 直接成本 | | |

续表

| 项目 | 上年数 | 本年数 |
|---|---|---|
| 毛利 | | |
| 综合费用 | | |
| 折旧前利润 | | |
| 折旧 | | |
| 支付利息前利润 | | |
| 财务收入/支出 | | |
| 其他收入/支出 | | |
| 税前利润 | | |
| 所得税 | | |
| 净利润 | | |

表 4 −41　　　　　　　　　**资产负债表**

| 资产 | 期初数 | 期末数 | 负债和所有者权益 | 期初数 | 期末数 |
|---|---|---|---|---|---|
| 流动资产： | | | 负债： | | |
| 库存现金 | | | 长期借款 | | |
| 应收账款 | | | 短期借款 | | |
| 在制品 | | | 应付账款 | | |
| 库存商品 | | | 应交税费 | | |
| 原材料 | | | 一年内到期的长期借款 | | |
| 流动资产合计 | | | 负债合计 | | |
| 固定资产： | | | 所有者权益： | | |
| 土地和建筑 | | | 股东资本（股本） | | |
| 机器与设备 | | | 利润留存 | | |
| 在建工程 | | | 年度净利 | | |
| 固定资产合计 | | | 所有者权益合计 | | |
| 资产总计 | | | 负债和所有者权益总计 | | |

表 4 - 42                                               第 6 年

| | | | |
|---|---|---|---|
| 年初现金盘点 | | | |
| 申请长期贷款 | | | |
| 季初现金盘点（请填余额） | | | |
| 更新短期贷款/还本付息 | | | |
| 更新生产/完工入库 | | | |
| 生产线完工 | | | |
| 申请短期贷款 | | | |
| 更新原料库（购买到期的原料，更新在途原料） | | | |
| 订购原料 | | | |
| 购租厂房（选择厂房类型，选择购买或租赁） | | | |
| 新建生产线（选择生产线类型及生产产品种类） | | | |
| 在建生产线（生产线第二、三、四期的投资） | | | |
| 生产线转产（选择转产产品种类） | | | |
| 出售生产线 | | | |
| 开始下一批生产（空置的生产线开始新一轮生产） | | | |
| 更新应收款（输入从应收款一期更新到现金库的金额） | | | |
| 按订单交货 | | | |
| 厂房处理 | | | |
| 产品研发投资 | | | |
| 支付行政管理费 | | | |
| 新市场开拓 | | | |
| ISO 资格认证投资 | | | |
| 支付设备维修费 | | | |
| 计提折旧 | | | （ ） |
| 违约扣款 | | | |
| 紧急采购（随时进行） | | | |
| 出售库存（随时进行） | | | |
| 应收款贴现（随时进行） | | | |
| 贴息（随时进行） | | | |
| 其他现金收支情况登记（根据需要填写） | | | |
| 期末现金对账（请填余额） | | | |

**表 4 - 43**　　　　　　　　　　　　订单登记表

| 市 场 | | | | | | | | |
|---|---|---|---|---|---|---|---|---|
| 产 品 | | | | | | | | |
| 数 量 | | | | | | | | |
| 交货期 | | | | | | | | |
| 应收款账期 | | | | | | | | |
| 销售额 | | | | | | | | |
| 成 本 | | | | | | | | |
| 毛 利 | | | | | | | | |

**表 4 - 44**　　　　　　　　　　　　产品核算统计表

| | P1 | P2 | P3 | P4 | P5 | 合计 |
|---|---|---|---|---|---|---|
| 数量 | | | | | | |
| 销售额 | | | | | | |
| 成本 | | | | | | |
| 毛利 | | | | | | |

**表 4 - 45**　　　　　　　　　　　　综合管理费用明细表　　　　　　　单位：W

| 项目 | 金额 | 备注 |
|---|---|---|
| 管理费 | | |
| 广告费 | | |
| 维修费 | | |
| 租金 | | |
| 转产费 | | |
| 市场准入开拓 | | □本地　□区域　□国内　□亚洲　□国际 |
| ISO 资格认证 | | □ISO9000　□ISO14000 |
| 产品研发 | | P1（　）　P2（　）　P3（　）　P4（　）　P5（　） |
| 损失 | | |
| 合计 | | |

**表 4 - 46**　　　　　　　　　　　　利润表　　　　　　　　　　单位：W

| 项目 | 上年数 | 本年数 |
|---|---|---|
| 销售收入 | | |
| 直接成本 | | |

| 项目 | 上年数 | 本年数 |
|---|---|---|
| 毛利 | | |
| 综合费用 | | |
| 折旧前利润 | | |
| 折旧 | | |
| 支付利息前利润 | | |
| 财务收入/支出 | | |
| 其他收入/支出 | | |
| 税前利润 | | |
| 所得税 | | |
| 净利润 | | |

表 4 - 47　　　　　　　　　　资产负债表

| 资产 | 期初数 | 期末数 | 负债和所有者权益 | 期初数 | 期末数 |
|---|---|---|---|---|---|
| 流动资产: | | | 负债: | | |
| 库存现金 | | | 长期借款 | | |
| 应收账款 | | | 短期借款 | | |
| 在制品 | | | 应付账款 | | |
| 库存商品 | | | 应交税费 | | |
| 原材料 | | | 一年内到期的长期借款 | | |
| 流动资产合计 | | | 负债合计 | | |
| 固定资产: | | | 所有者权益: | | |
| 土地和建筑 | | | 股东资本（股本） | | |
| 机器与设备 | | | 利润留存 | | |
| 在建工程 | | | 年度净利 | | |
| 固定资产合计 | | | 所有者权益合计 | | |
| 资产总计 | | | 负债和所有者权益总计 | | |

# 4.4　广告竞单表

广告竞单表如表 4 – 48 ~ 表 4 – 52 所示。

**表 4 – 48**　　　　　　　　第_____组广告单
第 2 年

| 第 2 年 | 本地 | 区域 | 9K | 14K |
|---|---|---|---|---|
| P1 | | | | |
| P2 | | | | |
| P3 | | | | |
| P4 | | | | |
| 合计 | | | | |

**表 4 – 49**　　　　　　　　第 3 年

| 第 3 年 | 本地 | 区域 | 国内 | 9K | 14K |
|---|---|---|---|---|---|
| P1 | | | | | |
| P2 | | | | | |
| P3 | | | | | |
| P4 | | | | | |
| 合计 | | | | | |

**表 4 – 50**　　　　　　　　第 4 年

| 第 4 年 | 本地 | 区域 | 国内 | 亚洲 | 9K | 14K |
|---|---|---|---|---|---|---|
| P1 | | | | | | |
| P2 | | | | | | |
| P3 | | | | | | |
| P4 | | | | | | |
| 合计 | | | | | | |

**表 4 – 51**　　　　　　　　第 5 年

| 第 5 年 | 本地 | 区域 | 国内 | 亚洲 | 国际 | 9K | 14K |
|---|---|---|---|---|---|---|---|
| P1 | | | | | | | |
| P2 | | | | | | | |
| P3 | | | | | | | |
| P4 | | | | | | | |
| 合计 | | | | | | | |

表 4 - 52                                      第 6 年

| 第 6 年 | 本地 | 区域 | 国内 | 亚洲 | 国际 | 9K | 14K |
|---|---|---|---|---|---|---|---|
| P1 | | | | | | | |
| P2 | | | | | | | |
| P3 | | | | | | | |
| P4 | | | | | | | |
| 合计 | | | | | | | |

# 4.5 原料采购的确定

　　在每年营销总监填写完订单登记表后，生产总监根据订单情况确定产品的生产，并将生产情况告知采购总监，采购总监填写"生产计划及采购计划编制表"，以确定采购原材料的数量，保证产品能正常生产。具体填写方法如表 4 - 53 ~ 表 4 - 55 所示。

表 4 - 53                        生产计划及采购计划编制举例

| 生产线 | | 第 1 年 | | | | 第 2 年 | | | | 第 3 年 | | | |
|---|---|---|---|---|---|---|---|---|---|---|---|---|---|
| | | 1 季度 | 2 季度 | 3 季度 | 4 季度 | 1 季度 | 2 季度 | 3 季度 | 4 季度 | 1 季度 | 2 季度 | 3 季度 | 4 季度 |
| 1 手工 | 产品 | | P1 | | | | P1 | | | | P2（全自动） | | |
| | 材料 | | | | | | | | | | | | |
| 2 手工 | 产品 | | P1 | | | P1 | | | | | | P2 | P2 |
| | 材料 | R1 | | | R1 | | | | | | 1R1 + 1R2 | 1R1 + 1R2 | |
| 3 手工 | 产品 | P1 | | | | P1 | | | | | | | |
| | 材料 | | | | | | | | | | | | |
| 4 手工 | 产品 | P1 | | P1 | | | | | | | | | |
| | 材料 | R1 | | | | | | | | | | | |
| 5 半自动 | 产品 | | | | | | | | | | | | |
| | 材料 | | | | | | | | | | | | |
| | 产品 | | | | | | | | | | | | |
| | 材料 | | | | | | | | | | | | |
| 合计 | 产品 | 1P1 | 2P1 | 1P1 | 2P1 | | | | | | | P2 | P2 |
| | 材料 | 2P1 | 1P1 | | 1P1 | | | | | | 1R1 + 1R2 | 1R1 + 1R2 | |
| | | | | | | | | | | | | | |

**表 4 – 54**　　　　　　生产计划及采购计划编制（1 ~ 3 年）

| 生产线 | | 第 1 年 | | | | 第 2 年 | | | | 第 3 年 | | | |
|---|---|---|---|---|---|---|---|---|---|---|---|---|---|
| | | 1 季度 | 2 季度 | 3 季度 | 4 季度 | 1 季度 | 2 季度 | 3 季度 | 4 季度 | 1 季度 | 2 季度 | 3 季度 | 4 季度 |
| 1 | 产品 | | | | | | | | | | | | |
| | 材料 | | | | | | | | | | | | |
| 2 | 产品 | | | | | | | | | | | | |
| | 材料 | | | | | | | | | | | | |
| 3 | 产品 | | | | | | | | | | | | |
| | 材料 | | | | | | | | | | | | |
| 4 | 产品 | | | | | | | | | | | | |
| | 材料 | | | | | | | | | | | | |
| 5 | 产品 | | | | | | | | | | | | |
| | 材料 | | | | | | | | | | | | |
| 6 | 产品 | | | | | | | | | | | | |
| | 材料 | | | | | | | | | | | | |
| 7 | 产品 | | | | | | | | | | | | |
| | 材料 | | | | | | | | | | | | |
| 8 | 产品 | | | | | | | | | | | | |
| | 材料 | | | | | | | | | | | | |
| 合计 | 产品 | | | | | | | | | | | | |
| | 材料 | | | | | | | | | | | | |

**表 4 – 55**　　　　　　生产计划及采购计划编制（4 ~ 6 年）

| 生产线 | | 第 4 年 | | | | 第 5 年 | | | | 第 6 年 | | | |
|---|---|---|---|---|---|---|---|---|---|---|---|---|---|
| | | 1 季度 | 2 季度 | 3 季度 | 4 季度 | 1 季度 | 2 季度 | 3 季度 | 4 季度 | 1 季度 | 2 季度 | 3 季度 | 4 季度 |
| 1 | 产品 | | | | | | | | | | | | |
| | 材料 | | | | | | | | | | | | |
| 2 | 产品 | | | | | | | | | | | | |
| | 材料 | | | | | | | | | | | | |
| 3 | 产品 | | | | | | | | | | | | |
| | 材料 | | | | | | | | | | | | |
| 4 | 产品 | | | | | | | | | | | | |
| | 材料 | | | | | | | | | | | | |

续表

| 生产线 | | 第4年 | | | | 第5年 | | | | 第6年 | | | |
|---|---|---|---|---|---|---|---|---|---|---|---|---|---|
| | | 1季度 | 2季度 | 3季度 | 4季度 | 1季度 | 2季度 | 3季度 | 4季度 | 1季度 | 2季度 | 3季度 | 4季度 |
| 5 | 产品 | | | | | | | | | | | | |
| | 材料 | | | | | | | | | | | | |
| 6 | 产品 | | | | | | | | | | | | |
| | 材料 | | | | | | | | | | | | |
| 7 | 产品 | | | | | | | | | | | | |
| | 材料 | | | | | | | | | | | | |
| 8 | 产品 | | | | | | | | | | | | |
| | 材料 | | | | | | | | | | | | |
| 合计 | 产品 | | | | | | | | | | | | |
| | 材料 | | | | | | | | | | | | |

采购总监填写完"生产计划及采购计划编制表"后，应将最后确定的采购信息汇总到"采购及材料付款计划表"中，如表4-56所示。其中，"采购数量"方格内填写采购原材料的数量，而"采购入库"方格内填写材料入库花费的金额。

表4-56　　　　　　　　　采购及材料付款计划表

| 第1年 | | 1季度 | | | | 2季度 | | | | 3季度 | | | | 4季度 | | | |
|---|---|---|---|---|---|---|---|---|---|---|---|---|---|---|---|---|---|
| 原材料 | R1 | R2 | R3 | R4 | R1 | R2 | R3 | R4 | R1 | R2 | R3 | R4 | R1 | R2 | R3 | R4 | |
| 采购数量 | | | | | | | | | | | | | | | | | |
| 采购入库 | | | | | | | | | | | | | | | | | |

| 第2年 | | 1季度 | | | | 2季度 | | | | 3季度 | | | | 4季度 | | | |
|---|---|---|---|---|---|---|---|---|---|---|---|---|---|---|---|---|---|
| 原材料 | R1 | R2 | R3 | R4 | R1 | R2 | R3 | R4 | R1 | R2 | R3 | R4 | R1 | R2 | R3 | R4 | |
| 采购数量 | | | | | | | | | | | | | | | | | |
| 采购入库 | | | | | | | | | | | | | | | | | |

| 第3年 | | 1季度 | | | | 2季度 | | | | 3季度 | | | | 4季度 | | | |
|---|---|---|---|---|---|---|---|---|---|---|---|---|---|---|---|---|---|
| 原材料 | R1 | R2 | R3 | R4 | R1 | R2 | R3 | R4 | R1 | R2 | R3 | R4 | R1 | R2 | R3 | R4 | |
| 采购数量 | | | | | | | | | | | | | | | | | |
| 采购入库 | | | | | | | | | | | | | | | | | |

| 第 4 年 | 1 季度 | | | | 2 季度 | | | | 3 季度 | | | | 4 季度 | | | |
|---|---|---|---|---|---|---|---|---|---|---|---|---|---|---|---|---|
| 原材料 | R1 | R2 | R3 | R4 | R1 | R2 | R3 | R4 | R1 | R2 | R3 | R4 | R1 | R2 | R3 | R4 |
| 采购数量 | | | | | | | | | | | | | | | | |
| 采购入库 | | | | | | | | | | | | | | | | |

| 第 5 年 | 1 季度 | | | | 2 季度 | | | | 3 季度 | | | | 4 季度 | | | |
|---|---|---|---|---|---|---|---|---|---|---|---|---|---|---|---|---|
| 原材料 | R1 | R2 | R3 | R4 | R1 | R2 | R3 | R4 | R1 | R2 | R3 | R4 | R1 | R2 | R3 | R4 |
| 采购数量 | | | | | | | | | | | | | | | | |
| 采购入库 | | | | | | | | | | | | | | | | |

| 第 6 年 | 1 季度 | | | | 2 季度 | | | | 3 季度 | | | | 4 季度 | | | |
|---|---|---|---|---|---|---|---|---|---|---|---|---|---|---|---|---|
| 原材料 | R1 | R2 | R3 | R4 | R1 | R2 | R3 | R4 | R1 | R2 | R3 | R4 | R1 | R2 | R3 | R4 |
| 采购数量 | | | | | | | | | | | | | | | | |
| 采购入库 | | | | | | | | | | | | | | | | |

## 4.6　实训成绩的评定

实训结束后，每个小组都会有一个实训成绩，按照总成绩的排名来确定实训成果，但是实训成果并不能充分反映学生的真实学习情况。虽然有的组破产了，但是在运营过程中，小组成员可能一直积极参与，从实训过程中领悟到很多经营的真谛，所以下面给出一种较为科学的成绩评定方式，以供参考。

实训课成绩 = 实训成果（60%）+ 学生表现（10%）+ 总结（30%）

1. 实训成果。此次实训中可以把学员分成若干组，每组 5~6 名成员，分别代表不同的公司，每个小组的成员分别担任公司中的重要职位：CEO、CFO、市场总监、生产总监和采购总监，如果成员为 6 名，还可以设置 CFO 助理等职务。各公司属于同一行业的竞争者，初始资源相同，大家在相同的竞争环境下进行一番真正的较量。最后根据企业的所有者权益、综合发展系数等对各个企业进行综合排名，得出实训成果。

实训成果 = 所有者权益 ×（1 + 企业综合发展潜力/100）− 罚分

企业的综合发展系数计算方法参见本情境任务一中电子沙盘中企业运营规则的竞争排名部分。

2. 学生表现。各企业中是否岗位分工明确、各司其职、团队合作程度、每个成员的参与程度和出勤率以及各种表格如运营表、综合费用表、利润表、资产负债表、现金预算表、采购计划表等的填写，都可以作为学生表现的评价。每个企业内部评选出最佳员工，可以在学生表现这部分进行加分。

3. 总结。总结包括个人总结和团队总结。个人总结是实训结束后每个同学上交一份实训报告，总结一下这几天自己的表现、体会，自己在企业中所起的作用以及通过企业模拟经营的运作对哪些理论知识有了进一步的体会。团队总结是以团队的形式上交一份PPT，在全班总结时由团队代表利用多媒体向全班同学进行讲解和分享，主要分享的内容包括本企业的企业文化、成员构成、整体战略、广告策略、市场定位、企业运营得失等。

# 第 5 章　ERP 沙盘模拟经营大赛

☞ ERP 沙盘模拟经营大赛是集知识性、趣味性、对抗性于一体的大型经营决策竞赛。参赛学生被分为若干团队，每队 3~5 人。每个团队从初始的一定资金开始，创业经营，连续经营 6 个会计年度。比赛内容涉及战略、产品研发、生产、市场、财务、团队协作等，是当前大学生最喜爱的比赛之一。

## 任务目标
- 了解 ERP 沙盘模拟经营大赛
- 掌握比赛的技巧
- 提升比赛的能力

## 任务提出
　　ERP 沙盘模拟经营大赛已然成为大学生热衷的比赛之一，每年参与的学生达上万人。当前规模最大的比赛是新道科技股份有限公司组织或协作的大赛，比赛用的是商战版本电子沙盘。为了让大家能更好地了解比赛相关信息，不断掌握比赛基本技巧，提升比赛的水平和比赛成绩，特编写本章内容。

## 5.1　商战比赛简介

　　商战大赛目前有两个不同类别的比赛：一类是由新道科技股份有限公司主办的行业赛；另一类是各省教育厅主办、新道公司提供技术支持的政府级（A 类）比赛。

### 5.1.1　新道杯沙盘模拟经营大赛

　　"新道杯"沙盘模拟经营大赛自 2005 年起，在国家教育主管机构的支持下，由新道科技股份有限公司与全国各合作高校联合发起，大赛以培养创新型、复合型应用人才为目标，面向全国院校在校学生，通过创业设计和模拟企业管理信息化经营的形式，培养学生沟通协作能力，全面锻炼学生了解业务、掌握管理软件工具及实际动手能力。大赛开赛至今已有来自超过 2 700 所院校、近 4.5 万支队伍、超过20万名学生、近万名教师参加，目前已成为中国经管类专业规模最大、影响力最广的赛事之一。赛项有效推动了经管类各专业的教学改革、课程建设和专业内涵建设，为企业优秀人才选拔招聘提供了良好的机会，成为科研机构、行业企业深度合作，资源共享的典范，显著提升了高等学校创新能力。

新道杯赛事分为校级赛、省赛和国赛。校级赛由各参赛院校组织，作为选拔参赛选手或作为专业技能大赛来开展。省赛是国赛的预选赛，各省每次比赛参赛队伍50支左右，主要为国赛输送优秀队伍。国赛是最高级别的比赛，最近几年国赛参赛的队伍达200多支，参赛人数达1 000多人。国赛已经成为集比赛、娱乐和交流于一体的平台。

### 5.1.2  省政府级企业沙盘模拟经营大赛

省政府级比赛由各省教育厅主导，新道科技股份有限公司提供技术支持，采用商战电子沙盘。因其为A类赛事，各参赛院校很重视，参赛积极性很高，比赛竞赛异常激烈。如浙江的省赛，2017年高职和本科的参赛队伍达150支，2018年预计达200支。

省政府级比赛的评分标准跟行业赛有所区别，省政府级比赛的评分标准是运营成绩＋答辩成绩。相对行业赛，多了答辩环节。

## 5.2  商战经验篇

### 5.2.1  从零开始打造优质方案——市场篇

经常会看到小白问，大神求开局方案！经常会看到小白抱怨，为什么我做什么什么挤呢？其实有最关键的一点，小白不会分析市场啊！下面让我们按下列思路来分析市场。

1. 分析市场需求变化。市场的增长变化类型有：一直比较平缓的有之；第2、3年平缓发展，第4年暴增，第5年略缩的有之；第3年数量暴增；第4年平缓发展，第5、6年略缩的有之。

根据市场变化的趋势，市场即将暴增的时候及时建线，市场紧缩的时候可以考虑挖虚线建实线。如第3年暴增，可以考虑在第2年上手工线，第4年暴增的，可以考虑在第3年上手工线，或者第4年补租赁线，这个时候要记得提前订好原材料哦。一般不建议在第3年上实线，这样会影响下一年的现金流。

2. 整体平均人均产能思考。分析每一年市场每一家模拟公司平均可以分到多少个产品。一般来说，平均产能大，用大方案，平均产能小，用小方案。这个能解决很多人不知道用几线开局的问题。

3. 分析市场产品利润。产品利润分析也是很关键的一点，对选择产品有重要的参考价值。

$$利润 = 单价 - 成本$$

这个公式相信大家都会，有的产品利润浮动很大，如前期利润低后期利润高，或者前期利润高后期利润低，或者两头利润高中间利润低，这时要注意产品搭配转型，比如在第 4 年 P3 的价格开始增长，那么就可以考虑在第 2 年的时候把 P3 研发出来。

4. 分析订单数。市场预测一般会给出订单数，将订单数量和需求量结合起来，可以大致分析出产品市场都是怎样的订单。根据需求量/订单量得出这个市场的订单最大有多少个产品，最多有几张大单。

5. 选择合适的产品。选择产品的思路无非以下两种：

第一，避开可能过分拥挤的市场。利润高，数量一般的产品市场拥挤的可能性是最大的。

第二，当面临需求相差不大，但利润相差较大的产品。

这个时候有两种思路：

第一种思路，不管是大家一起赚取高利润，还是小广告卖低利润转型，利润都是差不多。

第二种思路，选利润高的产品，因为万一不幸选到拥挤的市场，如果卖利润低的产品，很有可能会直接破产走人，但如果是卖利润高的产品，只要狠砸广告，把别人挤死你才是赢家。

6. 用方案来推市场。分析好市场，定好产品和生产线的搭配之后便要认真做方案，建议最少做四年方案。

## 5.2.2　从零开始打造优质方案——资金篇

保证现金流的通畅、不断流是参赛队伍重点考虑的问题之一，一不小心资金就断流便破产初级。如何有效地掌控资金流，充分利用长短贷组合，尽量避免犯此类错误，请看以下经验介绍。

1. 关于资金来源。在沙盘里资金来源无非以下几种，所以当你缺钱的时候不妨从以下七个方面考虑。

（1）股东资本——就是一开始老东家给你打天下的资金！在沙盘模拟经营游戏中股东资本是不变的。如果一开始是 600W，就固定是 600W 不变。

（2）长贷——每年第 1 季度开始前可以借长期贷款，最长时间可以借 5 年，利息率为 10%（四舍五入），每年第 1 季度开始后便要偿还利息，如果期限到了就要还本付息。

（3）短贷——每一季度初可以借短期贷款，利息率为 5%（四舍五入），下一年的这一季度前需要还本付息。

（4）贴现——贴现就是把还没到账的应收款拿去银行换钱，当然这是要收取一定利息的。还有1~2季度到账的贴息是10%，也就是如果你贴现100W，只会拿到90W，还有10W进银行口袋了。如果账期还有3~4季度，那么贴息就是12.5%，向上取整。

（5）库存拍卖——原材料按原价的80%出售，产品按成本价出售。

（6）出售生产线——生产线按残值出售。

（7）裁判融资——当然这就意味着你已经破产了。

详细的规则可以参考商战融资规则，如表5-1所示。

表5-1

| 贷款类型 | 贷款时间 | 贷款额度 | 年息 | 还款方式 |
|---|---|---|---|---|
| 长期贷款 | 每年度初 | 所有贷款不超过上一年度所有者权益的3倍，不低于10W | 10% | 年初付息，到期还本 |
| 短期贷款 | 每季度初 | 所有贷款不超过上一年度所有者权益的3倍，不低于10W | 5% | 到期一次还本付息 |
| 资金贴现 | 任何时间 | 视应收款总额 | 10%（1季度，2季度）；12.5%（3季度，4季度） | 贴现各账期分开核算，分开计息 |
| 库存拍卖 | 原材料八折（向下取整），成品按成本价 | | | |

2. 贷款小技巧。

（1）学会利用贷款利息四舍五入的规则。①长贷个位数字尽量设置为4，例如，144、254、364。②短贷十位数设置为偶数，个位数设置为9，例如，149、249、249。

为什么这样做？算一算就知道。$144 \times 10\% = 14.4$，四舍五入利息为14W，这就意味着有4W的贷款你免费拿了，不用付利息。而如果是145呢？那就是$145 \times 10\% = 14.5$，利息为15W，同理计算短贷。

（2）学会连环短贷。例如，第1年第4季度借了249W的短贷，在第2年第4季度还了261W的短贷本金加利息以后，如果权益没有下跌，那就意味着可以继续贷款249W，只要权益不下跌，或者是下跌得不是很严重，那么完全可以短贷滚短贷，企业需要做的只是适时的支付一点点利息，以及在季度初留下一点钱还短贷本息就足够了。这里的关键是保证权益不下降或下降较少。

3. 关于贴现。贴现可以说是企业关键时刻起死回生的良药，它可以帮助你很好地缓解资金流转不足的问题。

账期为1~2季度的尽量贴10的倍数，账期为3~4季度的尽量贴8的倍数。该贴现的时候果断贴现，不该贴现的时候尽量用短贷代替。

4. 关于权益计算。贷款的前提和基础是权益，所以想要清楚自己每时每刻还能贷款多少资金就要对权益计算了如指掌。要想知道如何计算权益，必须先清楚以下六个概念：

（1）综合费。包括：管理费、广告费、设备维护、厂房租金、转产费、市场开拓费、ISO 认证费、产品研发费、损失费。

（2）损失费。包括：违约金、紧急采购损失、出售生产线损失。

（3）财务费。包括：贷款利息、贴息。

（4）年度净利。年度净利 = 销售收入 − 直接成本 − 综合费用 − 折旧 − 财务费用 − 税。

（5）利润留存。本年度利润留存 = 前一年度利润留存 + 前一年度净利润，第 1 年利润留存为 0。

（6）股东资本。固定为开局资金不变，权益 = 股东资本 + 利润留存 + 年度净利润。

5. 关于资金流的经验。

（1）要敢于贷款。很多人刚刚接触沙盘的时候往往很排斥贷款，害怕还不上贷款，其实不然。一个企业要想做大做强必须要贷款，负债总额大于权益是很常见的。

（2）要善于贷款。沙盘模拟经营其实就是一个玩利益杠杠的游戏，我们如何利用手中有限的资金撬动更大的利润这是核心问题。因而，我们要善于规划贷款。笔者个人的观点是：尽量用短贷代替长贷，如果权益能够保持好的话，完全可以通过连环短贷来实现长贷的效果，这样可以省下一大笔资金。

（3）贷款要适当，不可以能贷款多少钱就贷款多少钱，必须通过计算，看还缺多少钱，确保每一分钱都有各自的用途，尽量减少空闲资金，这样就可以减少很多利息支出了。

（4）善于利用贴现，贴现可以说是企业的救心丸，必要的时候贴现是必不可少的。当我们急需资金而又无法贷款时，那么贴现就是主要的出路了。

6. 要精于预算。判断一个方案是否合格时，必须要推算一下前四年是否会破产，大神们往往预算得非常准确，所有的情况都在他的方案里早早地就体现出来了。因而别问为什么自己的方案老是破产了，因为你没有预算，在预算中你的方案本来就是会破产的。

### 5.2.3　从零开始打造优质方案——生产篇

在商战比赛中，合理安排生产是比较重要的一环。有效地利用各种生产线的优势，应对市场变化，既可以节省生产资源的占用，又可以减少损失使利益最大化，以便在多变的环境中制胜。

1. 生产线选择。

（1）超级生产线。在开局方案选择中，手工线的出现率很高。不仅可以是 12 手、16 手这样独挑大梁的炫酷出厂，也可以成为 3 柔 9 手、3 柔 5 手这样的最强助攻。那么手工线为什么这么受欢迎呢？第一，弹性强。手工线没有安装周期，只要原材料没有问题，就可以根据选单情况来决定到底上几条手工线。第二，价格便宜。比起柔性线、自动线、手工线的价格少了可不止一点。8 手和 4 柔的产能是一样的，但是 8 条手工线的钱还不到两条柔性线，即使加上了一个大厂房租金，手工线还是便宜很多。第三，爆发力强。一般来说，手工线的交货期都是一交或者三交。

但是手工线并不是万能的，在 16 条满线的情况下，后几年 32 个产品的产能是远远不够的，如何挖掘手工线对于选手具有很大的考验，手工线是没有分加的，另外超级手工线的生产周期需要两季。尽管有这么多缺点，还是有很多人钟情它。

（2）自动线。这种类型的生产线，有点让人尴尬，购置费是第二贵的，150W；安装周期是第二长的，3 个季度；如要转产时还需要手续费 20W，每年还需要交高额的维修费 20W，但是没办法，生产线是需要维修的。但它的优势是生产周期不用那么长，一个季度就可以马上生产出产品。

（3）自动租赁线。不需要购置费，没有安装周期，生产周期为一个季度。但是天下没有免费的午餐。使用时每年需要交的维护费用高达 65W，是其他生产线的 2～3 倍，转产时也是需要交手续费并且还需要等待一个季度才能用；而当你要拆除它，还需要交 80W 的"分手费"。尽管如此，有些大神还是很钟爱它的，能够把它运用自如，知道何时采用它何时与它分手，这需要很强的实战经验。

（4）柔性线。这条线是土豪线，高额的购置费 200W，一条线就花去了初始资金的三分之一，安装周期为四个季度。但它具备很强的优势，可以无条件转产，不需要手续费不需要花时间，干净利索说转就转，这就是沙盘迷们爱它之处。据不完全统计，参赛选手们最后的生产线状况就是一半以上全部都是柔性线。

（5）柔性租赁线。这条线是自动租赁线的亲兄弟，不同之处就是柔性租赁线转产时不需要交转产费也不需要等待一个季度直接就可以使用，但是每年交的维护费是 75W，当你想要挖掉它时，需要支付 90W。但是一般大神到第 5 年第 4 季度都会把租赁线挖掉，扩建其自动线或柔性线来增加分数，租赁线适合在特殊时期扩大自己的产能，或者是当你错拿订单时需要急需产品时都可以拿来救急。

2. 关于厂房选择。厂房一般有 3 种，分别为大、中、小。可容纳生产线数量分别为 4、3、2。关于选择哪一种厂房大家应该是没有争议的。一般都会选择大厂房，一是因为大厂房加的分数多；二是因为大厂房不会限制你生产线的发展，扩线更加容易。从大局上来看，如果一开始就选择小厂房，那么大局上你已经输了，因为你限制了自己后期的生产线的数量，也限制了自己的分数。

那么厂房应该是买是租呢？这个是没有定论的，买厂房可以保权益，下一年可以多贷款 120W 左右。但是现金压力比较大，因为你要拿出至少 400W 来买厂房，这就意味着你贷款额度要变大或者是你的生产、研发领域的投资要减少。而租厂房可以减轻现金流压力，但是相对来说也损失了权益。这个具体就要看大家的生产方案是怎样的了，是大方案还是小方案？第二年的现金流压力到底大不大？如果经过预算资金绰绰有余，那么买个厂房也是可以的。

3. 关于排产。其实排产的方法挺多的，想不出错最重要的是细心。下面举例介绍其中一种方法。

假设目前有 3 条柔性线、1 条手工线（生产周期为 2Q）。订单情况如表 5 - 2 所示。

表 5 - 2                                                订单情况

| 产品种类 | 数量 | 交货期 | 账期 | 价格 |
|---|---|---|---|---|
| P3 | 4 | 3 | 3 | 366 |
| P2 | 3 | 2 | 1 | 215 |
| P3 | 3 | 4 | 4 | 375 |

根据上述提供的资料，排产情况如表 5 - 3 所示。

表 5 - 3                                                排产情况

| 季度 | 生产线 | | | |
|---|---|---|---|---|
| | 柔性线 | 柔性线 | 柔性线 | 手工线 |
| 1 | P2 | P2 | P2 | P3 |
| 2 | P3 | P3 | P3 | |
| 3 | P3 | P3 | P3 | P2 |
| 4 | P2 | P2 | P2 | |

排产可以考虑如下因素：

（1）考虑交货期，先生产交货期短的，尽量不要因为排产错误而违约。

（2）考虑账期，同等情况下，先生产账期短的，减少资金压力。

（3）考虑资金，如果资金非常紧张，假设第 2 季度还没有资金就会破产，那么你无论如何都要在第 1 季度凑齐一个订单交货然后再贴现。

（4）选单时候尽量选择交货期长的，一是可以打压对手；二是可以让自己的排产更加灵活多变。

4. 关于原料订购。上面的排产很重要的前提就是原料订购正确，否则紧急采购原料来生产就太亏了。在此不建议大家使用原材料预定工具表，因为这样预定的原料是死的，应变能力不够。关于原料订购有个原则：宁愿多订购一点也不要少订，适当多订购 1 ~ 2 种产品的原材料可以让你的生产更加灵活，选单的空间更大。

5. 关于生产线扩张。玩沙盘要取得好成绩，其中很重要的一点就是要有"野心"，而这个"野心"主要体现在生产线的扩张上。适时的扩张生产线，可以迅速增加你的优势。

那么我们该什么时候扩线呢？进行扩线之前一定要进行至少两年的财务预算，如果资金方面没有问题，那么随时可以扩线。一般来说都是第3年、第4年、第5年、第6年扩线。尤其是第4年和第5年，市场开拓了以后会有一个需求的飞跃，而且这时经过几年的经营，资金积累已经有一定的基础了，这个时候扩线是最好的。

那么我们该建什么生产线呢？前面我们提到，在订购原材料时，应多订购2~3条线的原材料，这除了让我们的产能更灵活之外，还方便我们加线。相信大家都遇到过自己的产能满足不了市场需求的情况，在选单的时候发现可以多拿到订单，这个时候大家可以算算，上条租赁线或者手工线多卖两个产品是否合算。然后就是在比赛中后阶段的扩线了。一般扩线首选的柔性线，生产灵活而且分数高。若资金流不是很通畅，在选择某种产品定产的时候，自动线也是在备选之列的。

6. 关于挖线。挖线是指出售掉不加分的"虚线"如手工线、租赁线。以12手开局为例，如果你权益足够高，发展足够好，那么你第3年就考虑挖掉4条手工线再建4条柔性线，第4年再挖4条建4条，第5年同样如此。那么你的虚线就可以很顺利地用实线代替了。这是一种比较理想的情况，到底什么时候挖线、挖几条线是需要根据市场来决定的。因为挖线会缩小产能，可能会给下一年的权益带来影响。

当然一般情况下都是第4年开始挖生产线，因为一般情况下第4年的市场都会显得有点疲软，相比第3年来说第4年需求增加的数量不多，远不如第5年，如果广告打得少而且市场拥挤那么就有可能拿不满单，这个时候就可以趁机把不生产的虚线卖掉。手工线第1季度出售比较好，这样下一年就能建好柔性线，而租赁线第4季度出售比较好，可以节省一年的维修费用。

### 5.2.4 从零开始打造优质方案——销售篇

只有把产品顺利的销售出去，企业才能取得收入，才能抵消发生的费用，乃至盈利，所以销售很重要。广告投放、选单以及竞单都是博弈性非常强的环节，一次不经意的广告投放可以让你捶胸顿足，一张漂亮的四交单可以让你没有库存，一次成功的竞单可以让你成功逆袭。

1. 广告投放。不同的产品会有不同的广告投放方向，如你要卖高利润产品，那么显然你的广告就要大把大把地砸，这个时候你要明白你的广告上限，不能投完广告后一年没经营完发现资金断流了。如果是低利润产品，显然你便要精打细算，能省则省。

（1）广告投放的思路。首先你需要预算出明年如何卖产品，然后再根据你的预算将产品分配到每一个市场，每一个市场你需要投放多少的广告才能消化这些产品。在你估算每个市场需要卖多少产品时，你需要看该市场的单数、需求量以及卖这个产品的组数，如果发现某个市场的单数大于卖这个产品的组数时，那么这个市场就会有二轮单出现，此时便要思考是否需要把握这个二轮单、拿到这个二轮单所需要付出的广告额以及将这个广告分一部分到另外一个市场时的效果，权衡多方面之后再做决定。每个市场拿的个数，用总量除以单数就是每个单的均量，如果你的广告额是靠中间的位置，那么你拿的数量差不多也是平均水平，广告额靠后可能就会低于平均的单量。

（2）广告投放小策略。①可以把一个大额的广告压在靠后的市场，对前面的选单跟自己想法出现偏差甚至跳单时进行一些弥补。②观察前几年其他人的广告投放习惯，一般情况下大家都想用个位去压制别人，但是不知不觉中会养成一种习惯，一直投奇数压制或者一直投偶数压制，可以根据这一点进行有效打击。③逆向思维可能会让你收获惊喜，当大家都在挤高利润的本地 P5 时，你在区域市场 P5 投一个大广告，可能会出现奇效，虽然总价低于本地 P5，但是算上广告成本之后可能你更赚钱。

2. 选单。投完广告之后就开始选单了，选单时要保证产品数量，然后在数量的基础上选择单价高和账期短的产品，交货期也是一直需要注意的问题，四期交单直接影响你会不会有库存。

要排好生产线产能，不能在已经拿到上租赁线并且满产还拼命抢产品。在场上生产线已经满产而且预计建的生产线也满产后，又遇到很好的单时便要进行抉择，看还能不能上生产线，如果上线能产而且原料也够那就不要犹豫，如果原料紧急采购而且现金流不紧张也可以拿，在现金流很紧张的时候有可能会由于一个紧急采购的材料而导致资金断流的。从长远来讲，若明年市场不适合你上生产线或者你没有资金上生产线时，再考虑违约其他订单来进行对比。这些都需要在很短的时间内进行抉择，是非常考验选手能力的。

抢单小策略：第一，如果有四期交单而数量适中时考虑拿四期交单，因为多拿走一张四期交单就越有可能逼死你的一个对手。第二，将需要拿四期交单的任务分配到低销售量的产品，这样你拿到四期交单的成本更低，拥挤的产品拿四期交单其实并不一定划算。

3. 竞单。竞单是一个风险与收益并存的集合。想要进行一次成功的竞单首先是需要做好充足的间谍工作，看到能够和我们抢这个单的队伍，记录他们抢的每一个订单，在选单完成之后再进行整理，看他们能不能再来和我们抢，再来决定产品能够填出来的最高价格。

在选单时我们也可以迷惑我们的对手，假装满产甚至故意违约。如 P1 产品的原材料少而且只有一个季度的配送期，那么我们可以只订购我们已有生产线那么多的原材料，在选单时拿满产能，可以在第 1 季度紧急采购一两个 P1 的原材料，然后再下第 2 季度就能到达的 P1 原料，就能解决原料不够这一问题。但是此时我们的对手会对我们放松警惕，在他们设置满价的基础上我们只要下调几个数字便能轻松抢到订单。故意违约就更具有杀伤力了，假装满产还没有骗过去的话故意违约更是防不胜防，我把我要建的线摆出来，原料也下好，产品也选好后，你觉得我放弃这个单了，于是你开开心心满价竞单，在上交违约金后，我还是能够赚一大笔，但对手却库存了产品也没有竞到订单，自然受到重大打击。

在有竞单的那一年可以去选择扩线，增加自己的产能，让自己有更大的优势去竞单。在竞单的前一年，甚至可以战略性的库存产品，为竞单争取到更大的优势。

### 5.2.5 从零开始打造优质方案——情报篇

打商战，要坚持注重的一点：一切决策要用数据说话。商场如战场，局势瞬息万变，在商战中，选手与选手之间比的是对数据的收集与处理度。具体做法如下：

1. 分析市场。拿到一个市场，我们要清楚这个市场每年可以容纳的平均产品数（这里提醒大家注意，P4、P5 是混合型产品，在进行计算平均产品数的时候要用 2 倍来算）。接着，我们对市场进一步细分，拆分每年每个市场每种产品的订单情况，这需要一定的时间积累。一般来说，根据订单的平均产品数量，上下波动 +2。通过对订单的拆分，选手可以更加精准地投放广告。

2. 利用间谍。开战前，探知对手做的产品类型是非常重要的，是选择 P1、P4 还是 P2、P5？是选择单一型产品还是混合型产品？这可以直接影响市场发展的势头，往往红海产品区选手对广告投放比例大，蓝海区产品广告投放比例小。在间谍期间，主要获取研发产品、生产线、厂房、贷款、开发市场、ISO 投入和产能等信息，同时要计算对手的产能。如何计算对手产能？在间谍的时候，我们可以直接看到选手的上年产品库存量，生产线上正在生产的产品类型和数量。此外，根据选手的厂房数、流动资金判断选手下一年是否会加租赁还是手工线等，去确定选手一个大概的产能，进而决定你要投入的广告大小，投放市场。在竞拍年，尤其要记清楚选手的库存产品和在制产品数。

3. 锁定主要竞争对手。市场有大小，对手也有大小，要想取得好的比赛成绩，我们必须要拿自己和主要竞争对手比较，与实力强劲的选手比，才能够有更大的发展。在 PK 主要对手的时候，每一个环节都会很重要，除了间谍外，在订货会上，还要记录主要竞争对手的选单情况，为自己选单和竞单留有更多的考虑空间。

# 第十二届全国大学生"新道杯"沙盘模拟经营大赛（本科组）全国总决赛竞赛规则

## 一、参赛队员分工

比赛采取团队竞赛方式，每支参赛队 5 名参赛选手，1 名指导老师。每支代表队模拟一家生产制造型企业，与其他参赛队模拟的同质企业在同一市场环境中展开企业经营竞争。参赛选手分别担任如下角色：

总经理（CEO）、财务总监（CFO）、生产总监（CPO）、营销总监（CMO）、采购总监（CLO）

## 二、运行方式及监督

本次大赛采用"新道新商战沙盘系统 V5.0"（以下简称"系统"）与实物沙盘和手工记录相结合的方式运作企业，即所有的决策及计划执行在实物沙盘上进行，并进行手工台账记录，最后的运行确认在"系统"中确定，最终结果以"系统"为准。各队参加市场订货会等交易活动，包括贷款、原材料入库、交货、应收账款贴现及回收等，均在本地计算机上完成。

各参赛队应具备至少两台具有有线网卡的笔记本电脑（并自带纸、笔、橡皮），同时接入局域网，作为运行平台，并安装录屏软件。比赛过程中，学生端务必启动录屏文件，全程录制经营过程，建议每一年经营录制为一个独立的文件。一旦发生问题，以录屏结果为证，裁决争议。如果擅自停止录屏过程，按系统的实际运行状态执行（请注意：需同时提供两台接入网络的电脑的录屏文件）。

提请注意：两台电脑同时接入，任何一台操作均是有效的，但 A 机器操作，B 机器状态并不会自动同步更新，所以请做好队内沟通。可执行 F5 刷新命令随时查看实时状态。

比赛期间带队老师不允许入场；所有参赛队员不得使用手机与外界联系，不允许拍照，电脑仅限于作为系统运行平台，可以自制辅助计算工具。若经发现采用通信工具与外界联系，则取消参赛资格。

比赛期间计时以本赛区所用服务器上时间为准，赛前选手可以按照服务器时间调整自己电脑上的时间。

大赛设裁判组，负责大赛中所有比赛过程的监督和争议裁决。

提请注意：自带电脑操作系统和浏览器要保持干净，无病毒，请安装谷歌浏览器，同时需要安装 flash player 插件。请各队至少多备一台电脑，以防万一。

### 三、企业运营流程

企业运营流程建议按照运营流程表中列示的流程执行，比赛期间不能还原。

每年经营结束后，各参赛队需要在系统中填制《资产负债表、综合费用表、利润表》。如果不填，则视同报表错误 1 次，并扣分（详见罚分规则），但不影响经营。此次比赛不需要交纸质报表给裁判核对。

提请注意：

1. 三张报表均需填写，请注意报表切换，请使用同一台电脑提交。

2. 保存按钮可暂存已填写内容，请全部填写完毕后再做提交，提交后无法再做修改。

3. 数值为 0 时必须填写阿拉伯数字"0"，不填数字"系统"将视同填报错误。

### 四、竞赛规则

1. 融资。具体融资要求如附表 1 所示。

附表 1　　　　　　　　　　　　　　融资要求

| 贷款类型 | 贷款时间 | 贷款额度 | 年息 | 还款方式 |
|---|---|---|---|---|
| 长期贷款 | 每年度初 | 所有贷款不超过上一年所有者权益的 3 倍，不低于 10W | 14% | 年初付息，到期还本 |
| 短期贷款 | 每季度初 | 所有贷款不超过上一年所有者权益的 3 倍，不低于 10W | 6% | 到期一次还本付息 |
| 资金贴现 | 任何时间 | 视应收款额大小 | 10%（1 季，2 季）；12.5%（3 季，4 季） | 贴现各账期分开核算，分开计息 |
| 库存拍卖 | 原材料八折（向下取整），成品按成本价 | | | |

规则说明：

（1）长期和短期贷款信用额度。长短期贷款的总额度（包括已借但未到还款期的贷款）为上年权益总计的 3 倍，长期贷款、短期贷款必须为大于等于 10W 的整数申请。例如，第一年所有者权益为 358W，第一年已借 4 年期长贷 506W（且未申请短期贷款），则第 2 年可贷款总额度为：$358 \times 3 - 506 = 568W$。

（2）贷款规则。①长期贷款每年必须支付利息，到期归还本金。长期贷款最多可贷 5 年。②结束年时，不要求归还没有到期的各类贷款。③短期贷款年限为 1 年，如果某一季度有短期贷款需要归还，且同时还拥有贷款额度时，必须先归还到期的短期贷款，才能申请新的短期贷款。④所有的贷款不允许提前还款。

⑤企业间不允许私自融资，只允许企业向银行贷款，银行不提供高利贷。贷款利息计算时四舍五入。例如：短期贷款 210W，则利息为：$210 \times 6\% = 12.6W$，四舍五入，实际支付利息为 13W。⑥长期贷款利息是根据长期贷款的贷款总额乘以利率计算。例如：第 1 年申请 504W 长期贷款，第 2 年申请 204W 长期贷款，则第 3 年所需要支付的长期贷款利息 $= (504 + 204) \times 14\% = 99.12W$，四舍五入，实际支付利息为 99W。

（3）贴现规则。应收款分季度计算贴息，应收款 1 季度贴现 26W，1 季度贴现 424W，贴息为：1 账期应收款贴息 $= 26 \times 10\% = 2.6 \approx 3W$，2 账期应收款贴息 $= 424 \times 10\% = 42.4 \approx 43W$，贴息总额 $= 3 + 43 = 46W$。

（4）出售库存规则。①原材料打八折出售。例如：出售 1 个原材料 R1 获得 $10 \times 0.8 = 8W$。②出售产成品按产品的成本价计算。例如：出售 1 个 P2 获得 $1 \times 29 = 29W$。

2. 厂房规则。厂房规则如附表 2 所示。

附表 2                                      厂房规则

| 厂房 | 购买价格 | 租金 | 出售价格 | 容量 | 购买上限 |
|---|---|---|---|---|---|
| 大厂房 | 444W | 44W/年 | 444W | 5 条 | 4 个 |
| 中厂房 | 333W | 33W/年 | 333W | 4 条 | 4 个 |
| 小厂房 | 233W | 23W/年 | 233W | 3 条 | 4 个 |

规则说明：

（1）租用或购买厂房可以在任何季度进行。如果决定租用厂房或者厂房买转租，租金在开始租用的季度交付，即从现金处取等量钱币，放在租金费用处。一年租期到期时，如果决定续租，需重复以上动作。

（2）厂房租入后，一年后可作租转买、退租等处理（例如，第 1 年第 1 季度租厂房，则以后每一年的第 1 季度末"厂房处理"均可"租转买"），如果到期没有选择"租转买"，系统自动做续租处理，租金在"当季结束"时和"行政管理费"一并扣除。

（3）要新建或租赁生产线，必须购买或租用厂房，没有租用或购买厂房不能新建或租赁生产线。

（4）如果厂房中没有生产线，可以选择厂房退租。

（5）厂房出售得到 4 个账期的应收款，紧急情况下可进行厂房贴现（4 季度贴现），直接得到现金，如厂房中有生产线，同时要扣租金。

（6）厂房使用可以任意组合，但总数不能超过 4 个；如租 4 个小厂房或买 4 个大厂房或租一个大厂房买 3 个中厂房。

3. 生产线。生产线如附表 3 所示。

附表3　　　　　　　　　　　　　　生产线

| 生产线 | 购置费 | 安装周期 | 生产周期 | 维修费 | 残值 | 转产周期 | 转产费 |
|---|---|---|---|---|---|---|---|
| 超级手工线 | 33W | 无 | 2Q | 8W/年 | 9W | 无 | 无 |
| 自动线 | 144W | 4Q | 1Q | 19W/年 | 20W | 1Q | 20W |
| 柔性线 | 201W | 3Q | 1Q | 20W/年 | 45W | 无 | 无 |
| 租赁线 | 0W | 无 | 1Q | 66W/年 | −88W | 1Q | 20W |

（1）在"系统"中新建生产线，需先选择厂房，然后选择生产线的类型，特别要确定生产产品的类型（产品标识必须摆上）；生产产品一经确定，本生产线所生产的产品便不能更换，如需更换，须在建成后，进行转产处理。

（2）每次操作可建一条生产线，同一季度可重复操作多次，直至生产线位置全部铺满。自动线和柔性线待最后一期投资到位后，必须到下一季度才算安装完成，允许投入使用。超级手工线和租赁线当季购入（或租入）当季即可使用。

（3）新建生产线一经确认，即刻进入第一期在建，当季便自动扣除现金。

（4）不论何时出售生产线，从生产线净值中取出相当于残值的部分计入现金，净值与残值之差计入损失。

（5）只有空的并且已经建成的生产线方可转产。

（6）当年建成的生产线、转产中生产线都要交维修费；凡已出售的生产线（包括退租的租赁线）和新购正在安装的生产线不交纳维护费。

（7）生产线不允许在不同厂房移动。

（8）租赁线不需要购置费，不用安装周期，不提折旧，维修费可以理解为租金；其在出售时（可理解为退租），系统将扣除清理费用，记入损失；该类生产线不计小分。

4. 生产线折旧。生产线折旧如附表4所示。

附表4　　　　　　　　　　　　　　生产线折旧

| 生产线 | 购置费 | 残值 | 建成第1年 | 建成第2年 | 建成第3年 | 建成第4年 | 建成第5年 |
|---|---|---|---|---|---|---|---|
| 超级手工线 | 33W | 9W | 0W | 6W | 6W | 6W | 6W |
| 自动线 | 144W | 2W | 0W | 31W | 31W | 31W | 31W |
| 柔性线 | 201W | 45W | 0W | 39W | 39W | 39W | 39W |

5. 产品研发。要想生产某种产品，先要获得该产品的生产许可证。而要获得生产许可证，则必须经过产品研发。P1、P2、P3、P4、P5产品都需要研发后才能获得生产许可。研发需要分期投入研发费用。投资规则如附表5所示。

附表5　　　　　　　　　　　　　　　　投资规则

| 名称 | 开发费用 | 开发总额 | 开发周期 | 加工费 | 直接成本 | 产品组成 |
|------|---------|---------|---------|--------|---------|---------|
| P1 | 7W/季 | 21W | 3 季 | 13W/个 | 21W/个 | R2 |
| P2 | 14W/季 | 28W | 2 季 | 8W/个 | 29W/个 | R3 + R4 |
| P3 | 10W/季 | 40W | 4 季 | 12W/个 | 41W/个 | R1 + R2 + R4 |
| P4 | 13W/季 | 52W | 4 季 | 8W/个 | 49W/个 | P1 + R1 + R3 |
| P5 | 13W/季 | 65W | 5 季 | 14W/个 | 62W/个 | P2 + R2 + R4 |

产品研发可以中断或终止，但不允许超前或集中投入。已投资的研发费不能回收；如果开发没有完成，"系统"不允许开工生产。

6. ISO 认证。ISO 认证如附表6 所示。

附表6　　　　　　　　　　　　　　　ISO 认证

| ISO 类型 | 每年研发费用 | 年限 | 全部研发费用 |
|---------|------------|------|------------|
| ISO9000 | 66W/年 | 1 年 | 66W |
| ISO14000 | 22W/年 | 3 年 | 66W |

市场对 ISO 有着极高的要求，ISO 开发无须交维护费，中途停止使用，也可继续拥有资格并在以后年份使用；ISO 认证，只有在第4 季度末才可以操作。

7. 市场准入。市场准入如附表7 所示。

附表7　　　　　　　　　　　　　　　市场准入

| 市场 | 每年开拓费 | 开拓年限 | 全部开拓费用 |
|------|-----------|---------|------------|
| 本地 | 11W/年 | 1 年 | 11W |
| 区域 | 11W/年 | 1 年 | 11W |
| 国内 | 11W/年 | 2 年 | 22W |
| 亚洲 | 9W/年 | 3 年 | 27W |
| 国际 | 11W/年 | 4 年 | 44W |

无须交维护费，中途停止使用，也可继续拥有资格并在以后年份使用，市场开拓，只有在第4 季度才可以操作；投资中断已投入的资金依然有效。

8. 原材料。原材料如附表8 所示。

附表8　　　　　　　　　　　　　　　原材料

| 名称 | 购买价格 | 提前期 |
|---|---|---|
| R1 | 10W/个 | 1 季度 |
| R2 | 8W/个 | 1 季度 |
| R3 | 10W/个 | 2 季度 |
| R4 | 11W/个 | 2 季度 |

9. 选单规则。在一个回合中，每投放 8W 广告费理论上将获得一次选单机会，此后每增加 16W 理论上多一次选单机会。如本地 P1 投入 24W 表示最多有两次选单机会，但是能否选到两次取决于市场需求及竞争态势。如果投小于 8W 广告则无选单机会，但仍扣广告费，对计算市场广告额有效。广告投放可以是非 8 倍数，如 11W，12W，且投 12W 比投 11W 或 10W 优先选单。

投放广告，裁判只宣布最迟投放时间，最早投放时间不做限定。即你在系统里当年经营结束后可马上投下一年的广告。

选单时首先以当年本市场本产品广告额投放大小顺序依次选单；如果两队本市场本产品广告额相同，则看本市场广告投放总额；如果本市场广告总额也相同，则看上年本市场销售排名；如仍无法决定，先投广告者先选单。第 1 年无订单。

选单时，两个市场同时开单，各队需要同时关注两个市场的选单进展，其中一个市场先结束，则第三个市场立即开单，即任何时候会有两个市场同开，除非到最后只剩下一个市场选单未结束。如某年有本地、区域、国内、亚洲四个市场有选单。则系统将本地、区域同时放单，各市场按 P1、P2、P3、P4、P5 顺序独立放单，若本地市场选单结束，则国内市场立即开单，此时区域、国内两市场保持同开，紧接着区域结束选单，则亚洲市场立即放单，即国内、亚洲两市场同开。选单时各队需要点击相应的市场按钮（如"国内"），某一市场选单结束，系统不会自动跳到其他市场。

本次市场没有老大。

10. 竞单会。在第 3 年和第 5 年订货会后，召开竞单会。系统一次同时放 3 张订单同时竞拍，具体竞拍订单的信息将和市场预测图一起下发。

参与竞标的订单标明了订单编号、市场、产品、数量、ISO 要求等，而总价、交货期、账期三项为空。竞标订单的相关要求说明如下：

（1）投标资质。参与投标的公司需要有相应市场、ISO 认证的资质，但不必有生产资格。中标的公司需为该单支付 8W 标书费，计入广告费。

如果（已竞得单数 + 本次同时竞单数）×5 > 现金余额，则不能再竞。即必须有一定现金库存作为保证金。如同时竞 3 张订单，库存现金为 44W，已经竞得 3 张订单，扣除了 24W 标书费，还剩余 20W 库存现金，则不能继续参与竞单，因为万一再竞得 3 张，20W 库存现金不足支付标书费 24W。为防止恶意竞单，对竞单张数进行限制，如果某队已竞单张数＞ROUND（3×该年竞单总张数/参赛队数），则不能继续竞单。

提请注意：ROUND 表示四舍五入；如上式中"＞"为"＝"，可以继续参与竞单；参赛队数指经营中的队伍，破产退出经营则不算其内。如某年竞单，共有 40 张，20 队参与竞单，当一队已经得到 7 张单，因为 7＞ROUND（3×40/20），所以不能继续竞单；但如果已经竞得 6 张，可以继续参与。

（2）投标。参与投标的公司须根据所投标的订单，在系统规定时间（90秒，以倒计时形式显示）填写总价、交货期、账期三项内容，确认后由系统按照得分＝100＋（5－交货期）×2＋应收账期－8×总价/（该产品直接成本×数量）计算，以得分最高者中标。如果计算分数相同，则先提交者中标。

提请注意：总价不能低于（可以等于）成本价，也不能高于（可以等于）成本价的三倍；必须为竞单留足时间，如在倒计时小于等于 5 秒时再提交，可能无效；竞得订单与选中订单一样，计算市场销售额。

11. 订单违约。订单必须在规定季或提前交货，应收账期从交货季开始算起。应收款收回系统自动完成，不需要各队填写收回金额。

12. 取整规则（均精确或四舍五入到个位整数）。违约金扣除——四舍五入；库存拍卖所得现金——向下取整；贴现费用——向上取整；扣税——四舍五入；长短贷利息——四舍五入。

13. 关于违约问题。所有订单要求在本年度内完成（按订单上的产品数量和交货期交货）。如果订单没有完成，则视为违约订单，按下列条款加以处罚：

分别按违约订单销售总额的 22%（四舍五入）计算违约金，并在当年第 4季度结束后扣除，违约金记入"损失"。

14. 重要参数。重要参数如附表 9 所示。

附表 9　　　　　　　　　　　重要参数

| | | | |
|---|---|---|---|
| 违约金比例 | 22.00% | 贷款额倍数 | 3 倍 |
| 产品折价率 | 100.00% | 原材料折价率 | 80.00% |
| 长贷利率 | 14.00% | 短贷利率 | 6.00% |
| 1、2 期贴现率 | 10.00% | 3、4 期贴现率 | 12.50% |
| 初始现金 | 666W | 管理费 | 101W |
| 信息费 | 1W | 所得税率 | 25.00% |
| 最大长贷年限 | 5 年 | 最小订单广告额 | 8W |
| 原材料紧急采购倍数 | 2 倍 | 产品紧急采购倍数 | 3 倍 |
| 选单时间 | 45 秒 | 首位选单补时 | 20 秒 |
| 市场同开数量 | 3 | 市场老大 | 无 |
| 竞单时间 | 90 秒 | 竞单同竞数 | 3 |
| 最大厂房数量 | 4 个 | | |

15. 竞赛排名。6 年经营结束后，将根据各队的总成绩进行排名，分数高者排名在前。总成绩 = 所有者权益 × (1 + 企业综合发展潜力/100) − 罚分，企业综合发展潜力如附表 10 所示。

**附表 10　　　　　　　　　企业综合发展潜力**

| 项目 | 综合发展潜力系数 |
|---|---|
| 自动线 | +10/条 |
| 柔性线 | +10/条 |
| 本地市场开发 | 7 |
| 区域市场开发 | 7 |
| 国内市场开发 | 8 |
| 亚洲市场开发 | 9 |
| 国际市场开发 | 10 |
| ISO9000 | 8 |
| ISO14000 | 10 |
| P1 产品开发 | 7 |
| P2 产品开发 | 8 |
| P3 产品开发 | 9 |
| P4 产品开发 | 10 |
| P5 产品开发 | 11 |
| 大厂房 | 10 |
| 中厂房 | 8 |
| 小厂房 | 7 |

提请注意：如有若干队分数相同，则参照各队第 6 年经营结束后的最终权益，权益高者排名在前；若权益仍相等，则参照第 6 年经营结束时间，先结束第 6 年经营的队伍排名在前。生产线建成即加分（第 6 年年末缴纳维修费的生产线才算建成），无须生产出产品，也无须有在制品。租赁线无加分。

16. 罚分细则。

（1）运行超时扣分。运行超时有两种情况：一是不能在规定时间完成广告投放（可提前投广告）；二是不能在规定时间完成当年经营（以点击系统中"当年结束"按钮并确认为准）。

处罚：按总分 50 分/分钟（不满 1 分钟按 1 分钟计算）计算罚分，最多不能超过 10 分钟。如果到 10 分钟后还不能完成相应的运行，将取消其参赛资格。

注意：投放广告时间、完成经营时间及提交报表时间系统均会记录，作为扣分依据。

（2）报表错误扣分。必须按规定时间在系统中填制资产负债表、综合费用表、利润表，如果上交的报表与系统自动生成的报表对照有误，在总得分中扣罚250分/次，并以系统提供的报表为准修订。

提请注意：对上交报表时间会作规定，延误上交报表即视为错误一次，即使后来在系统中填制正确也要扣分。由运营超时引发延误交报表视同报表错误并扣分（即如果某队超时4分钟，将被扣除 $50 \times 4 + 250 = 450$ 分）。

（3）本次比赛需要摆放物理盘面，看盘期间（每年经营结束后，由裁判宣布看盘时间），需要如实回答看盘者提问，也不能拒绝看盘者看电脑屏幕并查看其中任何信息（看盘者不能操作他队电脑，只能要求查看信息）。看盘时各队至少留一人。摆盘情况由裁判每年结束时，随机抽取队伍进行核对，发现错误后予以扣分。如果经裁判核实后发现摆盘错误，扣250分/次。但不接受各队举报。

（4）其他违规扣分。在运行过程中下列情况属违规：①对裁判正确的判罚不服从；②其他严重影响比赛正常进行的活动。

如有以上行为者，视情节轻重，在第6年经营结束后扣除该队总得分500~2 000分。

（5）所有罚分在第6年经营结束后计算总成绩时一并扣除。

17. 破产处理。当参赛队权益为负（指当年结束系统生成资产负债表时为负）或现金断流时（权益和现金可以为零），企业破产。

参赛队破产后，直接退出比赛。

**五、其他说明**

1. 本次比赛中，各企业之间不允许进行任何交易，包括现金及应收款的流通、原材料、产成品的买卖等。

2. 企业每年的运营时间为1个小时（不含选单时间，第1年运营时间为45分钟），如果发生特殊情况，经裁判组同意后可作适当调整。

3. 比赛过程中，学生端必须启动录屏系统，用于全程录制经营过程，把每一年度经营录制为一个独立的文件。一旦发生问题，以录屏结果为证，裁决争议。如果擅自停止录屏过程，按教师端服务器系统的实际运行状态执行。录屏软件由各队在比赛前安装完成，并提前学会如何使用。

4. 比赛期间，各队自带笔记本，允许使用自制的计算工具，但每组笔记本均不允许连入外网，违者直接取消比赛资格。

5. 每一年度投放广告结束后，将给各组2~3分钟的时间观看各组广告单；每一年度经营结束后，裁判将公布各队综合费用表、利润表、资产负债表。

6. 每一年度经营结束后，将有15分钟看盘时间，看盘期间各队至少要留一名选手在组位，否则后果自负。看盘期间各队必须保证盘面真实有效（包括贷款、原料订单、生产线标识、库存产品及原料、厂房、现金、应收账款、生产线净值、产品生产资格、市场准入、ISO认证等）。

7. 本规则解释权归大赛裁判组。

附录 2

# 2017 年浙江省第二届大学生企业经营沙盘模拟竞赛规程

## 一、赛项名称

赛项名称：浙江省大学生企业经营沙盘模拟竞赛

## 二、运行平台

本次大赛采用新道科技股份有限公司技术支持的"企业经营沙盘模拟竞赛专用系统"（以下简称"系统"）即所有的决策及计划在现金流量表上推演，最后的运行确认在"系统"中确定，最终结果以"系统"为准。运行中的销售订货会在电子沙盘系统中进行，各队在本队计算机上参加销售订货会和交易活动，包括贷款、原材料入库、交货、应收账款贴现及回收。

## 三、相关事项

承办方为每个参赛队提供 1 台电脑和录屏幕软件，比赛过程中学生端必须启动录屏文件，全程录制经营过程，建议每一年经营录制为一个独立的文件。一旦发生问题，以录屏结果为证。如果擅自停止录屏过程，按系统的实际运行状态执行。

比赛期间带队老师不允许进入赛场；所有参赛队员不得使用手机与外界联系，电脑仅限于作为系统运行平台，比赛期间不得使用任何手段与外界联系，否则取消参赛资格；不允许带存储设备（U 盘、移动硬盘等），不允许携带任何辅助竞赛的工具，需要工具只能现场制作。

比赛时间以本赛区所用服务器上的时间为准，赛前选手可以按照服务器时间调整自己电脑上的时间。

企业运营流程建议按照系统中的流程执行，比赛期间不能还原。

每年经营结束后，各参赛队需要在系统中填制《资产负债表》、《综合费用表》、《利润表》。如果不填，则视同报表错误一次，并扣分（详见罚分规则），但不影响经营。此次比赛不需要交纸质报表给裁判核对。

提请注意：数值为 0 时必须填写阿拉伯数字"0"。不填数字系统也视同填报错误。

## 四、选单规则

在一个回合中，每投放 10W 广告费理论上将获得一次选单机会，此后每增加 20W 理论上多一次选单机会。如本地 P1 投入 30W 表示最多有两次选单机会，但实际选单次数取决于市场需求及竞争态势。

投放广告，只有裁判宣布的最晚时间，没有最早时间。即你在系统里每一年经营结束后即可马上投下一年的广告。

选单时首先以当年本市场本产品广告额投放大小顺序依次选单；如果两队本市场本产品广告额相同，则看本市场广告投放总额；如果本市场广告总额也相同，则看上一年本市场销售排名；如仍无法决定，先投广告者先选单。第一年无订单。

选单时，各队需要关注市场的选单进展，第一个市场结束，第二个市场立即开单，选单时各队需要点击相应的市场按钮（如"本地"），某一市场选单结束，系统不会自动跳到其他市场。

提请注意：

● 出现确认框要在倒计时大于 5 秒时按下确认按钮，否则可能造成选单无效。

● 在某细分市场（如本地 P1）有多次选单机会，只要放弃一次，则视同放弃该细分市场所有选单机会；选单时各队需有一台电脑连接入网；本次比赛无市场老大。

### 五、竞单规则

竞单会：在第 3 年和第 6 年订货会后，召开竞单会。系统一次同时放 3 张订单。

参与竞标的订单标明了订单编号、市场、产品、数量、ISO 要求等，而总价、交货期、账期三项为空。竞标订单的相关要求说明如下：

（1）投标资质。参与投标的公司需要有相应市场、ISO 认证的资质，但不必有生产资格。中标的公司需为该单支付 10W 标书费，计入广告费。如果（已竞得单数 + 本次同时竞单数）× 10 > 现金余额，则不能再竞。即必须有一定现金库存作为保证金。如同时竞 3 张订单，库存现金为 54W，已经竞得 3 张订单，扣除了 30W 标书费，还剩余 24W 库存现金，则不能继续参与竞单，因为万一再竞得 3 张，24W 库存现金不足以支付标书费 30W。

为防止恶意竞单，对竞单张数进行限制，如果某队已竞单张数 > ROUND（3 × 该年竞单总张数/参赛队数），则不能继续竞单。

提请注意：

● ROUND 表示四舍五入。

● 如上式为等于，可以继续参与竞单。

● 参赛队数指经营中的队伍，破产退出经营则不算其内。

如某年竞单，共有 40 张，20 个队参与竞单，当一队已经得到 7 张单，因为 7 > ROUND（3 × 40/20），所以不能继续竞单；但如果已经竞得 6 张，可以继续参与。

（2）投标。参与投标的公司须根据所投标的订单，在系统规定时间（90 秒，以倒计时形式显示）填写总价、交货期、账期三项内容，确认后由系统按照得分 = 100 + （5 - 交货期）× 2 + 应收账期 - 8 × 总价/（该产品直接成本 × 数量）计算以得分最高者中标。如果计算分数相同，则先提交者中标。

提请注意：

- 总价不能低于（可以等于）成本价，也不能高于（可以等于）成本价的三倍。
- 必须为竞单留足时间，如在倒计时小于等于 5 秒再提交，可能无效。
- 竞得订单与选中订单一样，均需算市场销售额。

### 六、订单交货

订单必须在规定季或提前交货，应收账期从交货季开始算起。应收款收回系统自动完成，不需要各队填写收回金额。

### 七、违约问题

所有订单要求在本年度内完成（按订单上的产品数量和交货期交货）。如果订单没有完成，则视为违约订单，按下列条款加以处罚：

（1）分别按违约订单销售总额的20%（四舍五入）计算违约金，并在当年第 4 季度结束后扣除，违约金记入"损失"。例如某组违约了以下两张订单：

| 订单编号 | 市场 | 产品 | 数量 | 总价 | 状态 | 订单年份 | 交货期 | 账期 | ISO | 交货期 |
|---|---|---|---|---|---|---|---|---|---|---|
| 180016 | 本地 | P2 | 2 | 146 W | 违约 | 第2年 | 3季度 | 0季度 | — | — |
| 180011 | 本地 | P1 | 1 | 60 W | 已交单 | 第2年 | 2季度 | 1季度 | — | 第2年1季度 |
| 180006 | 本地 | P1 | 3 | 162 W | 违约 | 第2年 | 3季度 | 2季度 | — | — |

则缴纳的违约金分别为：

$146 \times 20\% = 29.2W \approx 29W$

$162 \times 20\% = 32.4W \approx 32W$

合计为：$29 + 32 = 61W$。

（2）违约订单一律收回。

### 八、罚分细则

（1）运行超时扣分。运行超时有两种情况：一是指不能在规定时间完成广告投放（可提前投广告）；二是指不能在规定时间完成当年经营（以点击系统中"当年结束"按钮并确认为准）。

处罚：按总分50 分/分钟（不满 1 分钟按 1 分钟计算）计算罚分，最多不能超过 10 分钟。如果到 10 分钟后还不能完成相应的运行，将取消其参赛资格。

提请注意：投放广告时间、完成经营时间及提交报表时间系统均会记录，作为扣分依据。

（2）报表错误扣分。必须按规定时间在系统中填制资产负债表，如果上交的报表与系统自动生成的报表对照有误，在总得分中扣罚 250 分/次，并以系统提供的报表为准修订。

提请注意：对上交报表时间会作规定，延误上交报表即视为错误一次，即使后来在系统中填制正确也要扣分。由运营超时引发延误交报表视同报表错误并扣分（即如果某队超时 3 分钟，将被扣除 50 × 3 + 250 = 400 分）。

（3）其他违规扣分。在运行过程中下列情况属违规：①对裁判正确的判罚不服从。②其他严重影响比赛正常进行的活动。如有以上行为者，在第 6 年经营结束后扣除该队总得分 500 分。

（4）所有罚分在第 6 年经营结束后计算总成绩时一并扣除。

## 九、破产处理

当参赛队权益为负（指当年结束系统生成资产负债表时所有者权益为负）或现金断流时（权益和现金可以为零），企业破产。参赛队破产后，直接退出比赛。

## 十、其他说明

（1）违约金扣除——四舍五入；库存拍卖所得现金——向下取整；贴现费用——向上取整；扣税——四舍五入；长短贷利息——四舍五入。

（2）生产线变卖，紧急采购，订单违约记入损失。

（3）企业每年的运营时间以裁判现场公布时间为准，如果发生特殊情况，经裁判组同意后可作适当调整。

（4）每一年投放广告结束后，将给各组 2 分钟的时间观看各组广告单；每一年经营结束后，裁判将公布各队综合费用表、利润表、资产负债表。每年经营具体时间安排如下（如现场出现状况，裁判可进行相应调整，各参赛队必须服从裁判合理安排）。

（5）本次大赛过程中使用电子间谍功能，每一年经营结束后，裁判在公布各队综合费用表、利润表、资产负债表之后，发放打包好的电子间谍包。

（6）经营过程中不允许转让订单、转让产品、转让财产，即不允许组间进行交易。

（7）本技术文件的最终解释权归大赛组织委员会。

## 十一、固定参数

固定参数如附表 11 所示。

**附表 11　　　　　　　　　固定参数**

| 库存折价率（原料） | 80% | 库存折价率（产品） | 100% |
|---|---|---|---|
| 紧急采购倍数（原料） | 2 倍 | 紧急采购倍数（产品） | 3 倍 |
| 所得税率 | 25% | 违约扣款百分比 | 20% |
| 订货会市场同开数量 | 2 个 | 厂房数量 | 4 个 |
| 市场老大 | 无 | 信息费 | 1W |
| 订货会选单时间 | 50 秒 | 订单首选补时 | 15 秒 |

## 十二、比赛预测信息，在比赛现场抽签设定

详细订单和竞单表如附表12、附表13所示。

**附表12**　　　　　　　　　　**订单表**

| 订单编号 | 年份 | 市场 | 产品 | 数量 | 总价 | 交货期 | 账期 | ISO |
|---|---|---|---|---|---|---|---|---|
| 211001 | 2 | 本地 | P1 | 2 | 116 | 4 | 2 | — |
| 211002 | 2 | 本地 | P1 | 3 | 158 | 4 | 2 | — |
| 211003 | 2 | 本地 | P1 | 2 | 111 | 3 | 2 | — |
| 211004 | 2 | 本地 | P1 | 2 | 113 | 2 | 2 | — |
| 211005 | 2 | 本地 | P1 | 1 | 54 | 4 | 2 | — |
| 211006 | 2 | 本地 | P1 | 3 | 160 | 4 | 1 | — |
| 211007 | 2 | 本地 | P1 | 1 | 56 | 3 | 3 | — |
| 211008 | 2 | 本地 | P1 | 4 | 226 | 4 | 0 | — |
| 211009 | 2 | 本地 | P1 | 2 | 106 | 2 | 3 | — |
| 211010 | 2 | 本地 | P1 | 3 | 174 | 3 | 1 | — |
| 211011 | 2 | 本地 | P2 | 3 | 209 | 4 | 2 | — |
| 211012 | 2 | 本地 | P2 | 3 | 223 | 3 | 3 | — |
| 211013 | 2 | 本地 | P2 | 1 | 71 | 3 | 2 | — |
| 211014 | 2 | 本地 | P2 | 2 | 147 | 4 | 3 | — |
| 211015 | 2 | 本地 | P2 | 4 | 288 | 4 | 1 | — |
| 211016 | 2 | 本地 | P2 | 4 | 309 | 2 | 1 | — |
| 211017 | 2 | 本地 | P2 | 2 | 147 | 3 | 2 | — |
| 211018 | 2 | 本地 | P2 | 2 | 144 | 2 | 2 | — |
| 211019 | 2 | 本地 | P2 | 2 | 150 | 4 | 0 | — |
| 211020 | 2 | 本地 | P2 | 1 | 74 | 4 | 2 | — |
| 211021 | 2 | 本地 | P3 | 3 | 261 | 4 | 2 | — |
| 211022 | 2 | 本地 | P3 | 4 | 329 | 2 | 2 | — |
| 211023 | 2 | 本地 | P3 | 2 | 171 | 3 | 2 | — |
| 211024 | 2 | 本地 | P3 | 1 | 83 | 4 | 3 | — |
| 211025 | 2 | 本地 | P3 | 1 | 85 | 3 | 3 | — |
| 211026 | 2 | 本地 | P3 | 3 | 248 | 2 | 2 | — |
| 211027 | 2 | 本地 | P3 | 2 | 164 | 4 | 1 | — |
| 211028 | 2 | 本地 | P4 | 4 | 515 | 4 | 2 | — |
| 211029 | 2 | 本地 | P4 | 2 | 271 | 3 | 2 | — |
| 211030 | 2 | 本地 | P4 | 1 | 134 | 4 | 3 | — |

续表

| 订单编号 | 年份 | 市场 | 产品 | 数量 | 总价 | 交货期 | 账期 | ISO |
|---|---|---|---|---|---|---|---|---|
| 211031 | 2 | 本地 | P4 | 2 | 246 | 4 | 0 | — |
| 211032 | 2 | 本地 | P4 | 2 | 274 | 3 | 1 | — |
| 211033 | 2 | 本地 | P4 | 3 | 383 | 3 | 2 | — |
| 211034 | 2 | 本地 | P5 | 4 | 582 | 4 | 2 | — |
| 211035 | 2 | 本地 | P5 | 2 | 298 | 3 | 0 | — |
| 211036 | 2 | 本地 | P5 | 1 | 148 | 4 | 2 | — |
| 211037 | 2 | 本地 | P5 | 3 | 436 | 4 | 1 | — |
| 211038 | 2 | 本地 | P5 | 2 | 278 | 4 | 1 | — |
| 211039 | 2 | 区域 | P1 | 3 | 157 | 4 | 3 | — |
| 211040 | 2 | 区域 | P1 | 2 | 96 | 2 | 1 | — |
| 211041 | 2 | 区域 | P1 | 2 | 102 | 3 | 3 | — |
| 211042 | 2 | 区域 | P1 | 1 | 49 | 3 | 2 | — |
| 211043 | 2 | 区域 | P1 | 5 | 249 | 4 | 2 | — |
| 211044 | 2 | 区域 | P1 | 5 | 251 | 2 | 2 | — |
| 211045 | 2 | 区域 | P1 | 4 | 193 | 4 | 2 | — |
| 211046 | 2 | 区域 | P1 | 3 | 144 | 3 | 1 | — |
| 211047 | 2 | 区域 | P1 | 4 | 211 | 4 | 2 | — |
| 211048 | 2 | 区域 | P2 | 1 | 73 | 3 | 2 | — |
| 211049 | 2 | 区域 | P2 | 3 | 217 | 4 | 2 | — |
| 211050 | 2 | 区域 | P2 | 4 | 279 | 2 | 3 | — |
| 211051 | 2 | 区域 | P2 | 2 | 144 | 4 | 3 | — |
| 211052 | 2 | 区域 | P2 | 2 | 149 | 4 | 1 | — |
| 211053 | 2 | 区域 | P2 | 2 | 140 | 2 | 2 | — |
| 211054 | 2 | 区域 | P2 | 2 | 136 | 4 | 2 | — |
| 211055 | 2 | 区域 | P2 | 1 | 70 | 3 | 1 | — |
| 211056 | 2 | 区域 | P2 | 3 | 222 | 3 | 2 | — |
| 211057 | 2 | 区域 | P3 | 1 | 91 | 4 | 2 | — |
| 211058 | 2 | 区域 | P3 | 2 | 174 | 3 | 2 | — |
| 211059 | 2 | 区域 | P3 | 3 | 268 | 2 | 3 | — |
| 211060 | 2 | 区域 | P3 | 2 | 186 | 4 | 3 | — |
| 211061 | 2 | 区域 | P3 | 4 | 359 | 4 | 2 | — |
| 211062 | 2 | 区域 | P3 | 1 | 87 | 3 | 2 | — |
| 211063 | 2 | 区域 | P3 | 2 | 172 | 2 | 1 | — |

续表

| 订单编号 | 年份 | 市场 | 产品 | 数量 | 总价 | 交货期 | 账期 | ISO |
|---|---|---|---|---|---|---|---|---|
| 211064 | 2 | 区域 | P3 | 3 | 260 | 3 | 2 | — |
| 211065 | 2 | 区域 | P3 | 2 | 172 | 4 | 1 | — |
| 211066 | 2 | 区域 | P4 | 2 | 256 | 4 | 1 | — |
| 211067 | 2 | 区域 | P4 | 2 | 253 | 4 | 1 | — |
| 211068 | 2 | 区域 | P4 | 3 | 383 | 3 | 1 | — |
| 211069 | 2 | 区域 | P4 | 2 | 262 | 3 | 2 | — |
| 211070 | 2 | 区域 | P4 | 3 | 363 | 3 | 0 | — |
| 211071 | 2 | 区域 | P4 | 1 | 120 | 4 | 2 | — |
| 211072 | 2 | 区域 | P4 | 1 | 135 | 3 | 2 | — |
| 211073 | 2 | 区域 | P4 | 4 | 526 | 4 | 1 | — |
| 211074 | 2 | 区域 | P5 | 3 | 408 | 4 | 3 | — |
| 211075 | 2 | 区域 | P5 | 2 | 281 | 3 | 2 | — |
| 211076 | 2 | 区域 | P5 | 2 | 285 | 4 | 0 | — |
| 211077 | 2 | 区域 | P5 | 1 | 150 | 4 | 1 | — |
| 211078 | 2 | 区域 | P5 | 3 | 450 | 3 | 0 | — |
| 211079 | 3 | 本地 | P1 | 1 | 46 | 4 | 2 | — |
| 211080 | 3 | 本地 | P1 | 4 | 201 | 4 | 4 | — |
| 211081 | 3 | 本地 | P1 | 4 | 190 | 3 | 2 | — |
| 211082 | 3 | 本地 | P1 | 3 | 144 | 2 | 3 | — |
| 211083 | 3 | 本地 | P1 | 1 | 51 | 2 | 4 | — |
| 211084 | 3 | 本地 | P1 | 3 | 145 | 4 | 4 | 9K |
| 211085 | 3 | 本地 | P1 | 2 | 102 | 4 | 1 | 9K |
| 211086 | 3 | 本地 | P1 | 3 | 150 | 3 | 3 | 9K |
| 211087 | 3 | 本地 | P1 | 2 | 98 | 4 | 1 | 14K |
| 211088 | 3 | 本地 | P1 | 3 | 146 | 3 | 0 | — |
| 211089 | 3 | 本地 | P2 | 1 | 69 | 3 | 3 | — |
| 211090 | 3 | 本地 | P2 | 3 | 217 | 4 | 4 | — |
| 211091 | 3 | 本地 | P2 | 2 | 143 | 4 | 4 | — |
| 211092 | 3 | 本地 | P2 | 2 | 142 | 2 | 0 | 9K 14K |
| 211093 | 3 | 本地 | P2 | 3 | 206 | 3 | 4 | 9K |
| 211094 | 3 | 本地 | P2 | 2 | 136 | 4 | 2 | — |
| 211095 | 3 | 本地 | P2 | 3 | 224 | 4 | 1 | — |
| 211096 | 3 | 本地 | P2 | 4 | 272 | 4 | 1 | 9K |

续表

| 订单编号 | 年份 | 市场 | 产品 | 数量 | 总价 | 交货期 | 账期 | ISO |
|---|---|---|---|---|---|---|---|---|
| 211097 | 3 | 本地 | P2 | 1 | 71 | 3 | 2 | — |
| 211098 | 3 | 本地 | P2 | 2 | 146 | 2 | 3 | — |
| 211099 | 3 | 本地 | P4 | 3 | 361 | 2 | 4 | — |
| 211100 | 3 | 本地 | P4 | 2 | 256 | 4 | 4 | 9K |
| 211101 | 3 | 本地 | P4 | 4 | 533 | 3 | 1 | — |
| 211102 | 3 | 本地 | P4 | 2 | 264 | 4 | 3 | — |
| 211103 | 3 | 本地 | P4 | 2 | 250 | 3 | 2 | — |
| 211104 | 3 | 本地 | P4 | 1 | 125 | 4 | 4 | — |
| 211105 | 3 | 本地 | P5 | 1 | 139 | 2 | 4 | — |
| 211106 | 3 | 本地 | P5 | 4 | 552 | 4 | 2 | — |
| 211107 | 3 | 本地 | P5 | 2 | 273 | 4 | 3 | 9K |
| 211108 | 3 | 本地 | P5 | 3 | 393 | 4 | 1 | — |
| 211109 | 3 | 本地 | P5 | 2 | 267 | 3 | 4 | — |
| 211110 | 3 | 区域 | P2 | 2 | 143 | 4 | 4 | 9K |
| 211111 | 3 | 区域 | P2 | 3 | 198 | 3 | 2 | — |
| 211112 | 3 | 区域 | P2 | 4 | 282 | 4 | 4 | — |
| 211113 | 3 | 区域 | P2 | 1 | 72 | 4 | 3 | — |
| 211114 | 3 | 区域 | P2 | 2 | 144 | 2 | 1 | — |
| 211115 | 3 | 区域 | P2 | 3 | 204 | 2 | 3 | — |
| 211116 | 3 | 区域 | P2 | 2 | 132 | 3 | 2 | 9K |
| 211117 | 3 | 区域 | P2 | 3 | 219 | 3 | 4 | — |
| 211118 | 3 | 区域 | P2 | 1 | 68 | 4 | 1 | — |
| 211119 | 3 | 区域 | P3 | 1 | 81 | 4 | 3 | — |
| 211120 | 3 | 区域 | P3 | 3 | 262 | 3 | 3 | 9K |
| 211121 | 3 | 区域 | P3 | 1 | 89 | 4 | 2 | 9K |
| 211122 | 3 | 区域 | P3 | 3 | 246 | 3 | 1 | — |
| 211123 | 3 | 区域 | P3 | 2 | 168 | 2 | 4 | — |
| 211124 | 3 | 区域 | P3 | 2 | 162 | 4 | 2 | — |
| 211125 | 3 | 区域 | P3 | 4 | 339 | 4 | 4 | — |
| 211126 | 3 | 区域 | P4 | 2 | 237 | 3 | 1 | — |
| 211127 | 3 | 区域 | P4 | 1 | 132 | 4 | 2 | — |
| 211128 | 3 | 区域 | P4 | 1 | 123 | 4 | 3 | — |
| 211129 | 3 | 区域 | P4 | 3 | 360 | 4 | 4 | — |

| 订单编号 | 年份 | 市场 | 产品 | 数量 | 总价 | 交货期 | 账期 | ISO |
|---|---|---|---|---|---|---|---|---|
| 211130 | 3 | 区域 | P4 | 4 | 513 | 4 | 3 | — |
| 211131 | 3 | 区域 | P4 | 2 | 256 | 2 | 4 | 9K |
| 211132 | 3 | 区域 | P4 | 3 | 381 | 3 | 2 | 9K |
| 211133 | 3 | 区域 | P5 | 4 | 537 | 4 | 4 | — |
| 211134 | 3 | 区域 | P5 | 2 | 265 | 4 | 2 | 9K |
| 211135 | 3 | 区域 | P5 | 2 | 274 | 3 | 3 | 9K |
| 211136 | 3 | 区域 | P5 | 2 | 262 | 4 | 3 | — |
| 211137 | 3 | 区域 | P5 | 1 | 131 | 2 | 1 | |
| 211138 | 3 | 区域 | P5 | 1 | 136 | 3 | 4 | |
| 211139 | 3 | 区域 | P5 | 3 | 389 | 4 | 2 | |
| 211140 | 3 | 国内 | P1 | 4 | 215 | 2 | 4 | |
| 211141 | 3 | 国内 | P1 | 5 | 261 | 2 | 2 | |
| 211142 | 3 | 国内 | P1 | 2 | 104 | 4 | 2 | 9K |
| 211143 | 3 | 国内 | P1 | 5 | 265 | 4 | 1 | |
| 211144 | 3 | 国内 | P1 | 3 | 163 | 3 | 3 | |
| 211145 | 3 | 国内 | P1 | 2 | 99 | 3 | 4 | |
| 211146 | 3 | 国内 | P1 | 4 | 197 | 3 | 4 | 9K |
| 211147 | 3 | 国内 | P1 | 3 | 154 | 4 | 3 | — |
| 211148 | 3 | 国内 | P1 | 1 | 52 | 4 | 1 | 14K |
| 211149 | 3 | 国内 | P1 | 3 | 154 | 4 | 0 | 9K |
| 211150 | 3 | 国内 | P2 | 2 | 140 | 4 | 1 | 9K |
| 211151 | 3 | 国内 | P2 | 1 | 65 | 4 | 1 | — |
| 211152 | 3 | 国内 | P2 | 4 | 257 | 4 | 3 | — |
| 211153 | 3 | 国内 | P2 | 2 | 130 | 3 | 0 | 9K |
| 211154 | 3 | 国内 | P2 | 2 | 139 | 2 | 2 | — |
| 211155 | 3 | 国内 | P2 | 3 | 210 | 3 | 4 | — |
| 211156 | 3 | 国内 | P2 | 4 | 276 | 4 | 2 | |
| 211157 | 3 | 国内 | P2 | 1 | 70 | 3 | 4 | |
| 211158 | 3 | 国内 | P2 | 2 | 129 | 4 | 3 | |
| 211159 | 3 | 国内 | P2 | 3 | 201 | 2 | 4 | 9K  14K |
| 211160 | 3 | 国内 | P3 | 3 | 254 | 4 | 1 | — |
| 211161 | 3 | 国内 | P3 | 1 | 81 | 2 | 4 | |
| 211162 | 3 | 国内 | P3 | 2 | 159 | 4 | 4 | 9K |

续表

| 订单编号 | 年份 | 市场 | 产品 | 数量 | 总价 | 交货期 | 账期 | ISO |
|---|---|---|---|---|---|---|---|---|
| 211163 | 3 | 国内 | P3 | 3 | 238 | 4 | 1 | — |
| 211164 | 3 | 国内 | P3 | 3 | 248 | 4 | 3 | — |
| 211165 | 3 | 国内 | P3 | 4 | 330 | 2 | 2 | — |
| 211166 | 3 | 国内 | P3 | 2 | 168 | 3 | 2 | 9K |
| 211167 | 3 | 国内 | P3 | 2 | 158 | 3 | 3 | — |
| 211168 | 3 | 国内 | P3 | 1 | 85 | 3 | 4 | — |
| 211169 | 3 | 国内 | P4 | 2 | 252 | 2 | 1 | — |
| 211170 | 3 | 国内 | P4 | 1 | 127 | 2 | 3 | — |
| 211171 | 3 | 国内 | P4 | 2 | 234 | 3 | 1 | 9K |
| 211172 | 3 | 国内 | P4 | 3 | 385 | 3 | 4 | — |
| 211173 | 3 | 国内 | P4 | 3 | 378 | 4 | 2 | — |
| 211174 | 3 | 国内 | P4 | 2 | 244 | 4 | 4 | — |
| 211175 | 3 | 国内 | P4 | 1 | 121 | 3 | 2 | 9K |
| 211176 | 3 | 国内 | P4 | 4 | 487 | 4 | 3 | — |
| 211177 | 3 | 国内 | P5 | 4 | 564 | 4 | 4 | — |
| 211178 | 3 | 国内 | P5 | 2 | 260 | 4 | 2 | — |
| 211179 | 3 | 国内 | P5 | 3 | 394 | 3 | 1 | — |
| 211180 | 3 | 国内 | P5 | 2 | 287 | 2 | 3 | — |
| 211181 | 3 | 国内 | P5 | 1 | 142 | 4 | 4 | 9K |
| 211182 | 4 | 本地 | P1 | 3 | 141 | 3 | 3 | — |
| 211183 | 4 | 本地 | P1 | 4 | 190 | 4 | 2 | — |
| 211184 | 4 | 本地 | P1 | 1 | 45 | 4 | 3 | — |
| 211185 | 4 | 本地 | P1 | 1 | 49 | 2 | 4 | — |
| 211186 | 4 | 本地 | P1 | 2 | 91 | 4 | 1 | — |
| 211187 | 4 | 本地 | P1 | 2 | 98 | 3 | 2 | 9K  14K |
| 211188 | 4 | 本地 | P1 | 2 | 89 | 4 | 4 | 9K |
| 211189 | 4 | 本地 | P2 | 4 | 281 | 4 | 4 | 9K |
| 211190 | 4 | 本地 | P2 | 1 | 70 | 2 | 1 | — |
| 211191 | 4 | 本地 | P2 | 2 | 146 | 4 | 2 | 9K  14K |
| 211192 | 4 | 本地 | P2 | 3 | 205 | 4 | 2 | — |
| 211193 | 4 | 本地 | P2 | 2 | 142 | 4 | 4 | — |
| 211194 | 4 | 本地 | P2 | 2 | 134 | 2 | 1 | 14K |
| 211195 | 4 | 本地 | P2 | 4 | 278 | 3 | 4 | — |

| 订单编号 | 年份 | 市场 | 产品 | 数量 | 总价 | 交货期 | 账期 | ISO |
|---|---|---|---|---|---|---|---|---|
| 211196 | 4 | 本地 | P2 | 1 | 68 | 4 | 3 | — |
| 211197 | 4 | 本地 | P2 | 3 | 203 | 3 | 3 | 9K |
| 211198 | 4 | 本地 | P3 | 1 | 82 | 2 | 1 | — |
| 211199 | 4 | 本地 | P3 | 3 | 236 | 4 | 3 | 9K 14K |
| 211200 | 4 | 本地 | P3 | 3 | 248 | 3 | 4 | 9K |
| 211201 | 4 | 本地 | P3 | 4 | 311 | 4 | 4 | — |
| 211202 | 4 | 本地 | P3 | 2 | 154 | 3 | 2 | 14K |
| 211203 | 4 | 本地 | P3 | 2 | 160 | 2 | 3 | 9K |
| 211204 | 4 | 本地 | P3 | 2 | 151 | 4 | 2 | — |
| 211205 | 4 | 本地 | P3 | 1 | 79 | 3 | 4 | — |
| 211206 | 4 | 本地 | P3 | 2 | 167 | 4 | 1 | — |
| 211207 | 4 | 本地 | P4 | 1 | 129 | 4 | 1 | — |
| 211208 | 4 | 本地 | P4 | 4 | 498 | 4 | 3 | — |
| 211209 | 4 | 本地 | P4 | 2 | 232 | 3 | 3 | — |
| 211210 | 4 | 本地 | P4 | 2 | 243 | 4 | 4 | 9K 14K |
| 211211 | 4 | 本地 | P4 | 3 | 359 | 3 | 2 | — |
| 211212 | 4 | 本地 | P4 | 2 | 257 | 2 | 1 | 9K 14K |
| 211213 | 4 | 本地 | P4 | 1 | 120 | 3 | 2 | — |
| 211214 | 4 | 本地 | P4 | 3 | 370 | 2 | 4 | 9K |
| 211215 | 4 | 本地 | P5 | 3 | 412 | 4 | 2 | — |
| 211216 | 4 | 本地 | P5 | 2 | 284 | 2 | 3 | — |
| 211217 | 4 | 本地 | P5 | 2 | 277 | 4 | 4 | — |
| 211218 | 4 | 本地 | P5 | 3 | 449 | 4 | 1 | 9K |
| 211219 | 4 | 本地 | P5 | 1 | 145 | 3 | 4 | 9K 14K |
| 211220 | 4 | 区域 | P1 | 3 | 146 | 2 | 4 | — |
| 211221 | 4 | 区域 | P1 | 4 | 188 | 2 | 3 | — |
| 211222 | 4 | 区域 | P1 | 2 | 93 | 3 | 2 | 14K |
| 211223 | 4 | 区域 | P1 | 1 | 48 | 4 | 1 | 9K 14K |
| 211224 | 4 | 区域 | P1 | 2 | 95 | 3 | 3 | 9K |
| 211225 | 4 | 区域 | P1 | 1 | 47 | 4 | 2 | — |
| 211226 | 4 | 区域 | P1 | 3 | 135 | 4 | 4 | — |
| 211227 | 4 | 区域 | P1 | 3 | 150 | 3 | 1 | 9K |
| 211228 | 4 | 区域 | P2 | 1 | 66 | 4 | 4 | — |

续表

| 订单编号 | 年份 | 市场 | 产品 | 数量 | 总价 | 交货期 | 账期 | ISO |
|---|---|---|---|---|---|---|---|---|
| 211229 | 4 | 区域 | P2 | 2 | 143 | 4 | 3 | — |
| 211230 | 4 | 区域 | P2 | 3 | 194 | 4 | 4 | 9K |
| 211231 | 4 | 区域 | P2 | 2 | 131 | 2 | 2 | 9K |
| 211232 | 4 | 区域 | P2 | 4 | 273 | 3 | 0 | 9K |
| 211233 | 4 | 区域 | P2 | 3 | 213 | 2 | 1 | 14K |
| 211234 | 4 | 区域 | P2 | 3 | 200 | 3 | 3 | — |
| 211235 | 4 | 区域 | P2 | 3 | 206 | 3 | 4 | 14K |
| 211236 | 4 | 区域 | P2 | 1 | 70 | 4 | 2 | 9K |
| 211237 | 4 | 区域 | P2 | 4 | 273 | 4 | 1 | — |
| 211238 | 4 | 区域 | P3 | 4 | 345 | 4 | 2 | 9K |
| 211239 | 4 | 区域 | P3 | 1 | 85 | 3 | 1 | — |
| 211240 | 4 | 区域 | P3 | 2 | 171 | 2 | 2 | — |
| 211241 | 4 | 区域 | P3 | 2 | 176 | 2 | 4 | 14K |
| 211242 | 4 | 区域 | P3 | 3 | 253 | 3 | 3 | 9K |
| 211243 | 4 | 区域 | P3 | 2 | 168 | 4 | 3 | 9K |
| 211244 | 4 | 区域 | P3 | 3 | 261 | 3 | 1 | 14K |
| 211245 | 4 | 区域 | P3 | 1 | 87 | 4 | 4 | — |
| 211246 | 4 | 区域 | P4 | 2 | 239 | 2 | 3 | 9K　14K |
| 211247 | 4 | 区域 | P4 | 4 | 487 | 4 | 4 | — |
| 211248 | 4 | 区域 | P4 | 3 | 358 | 3 | 1 | 14K |
| 211249 | 4 | 区域 | P4 | 1 | 123 | 3 | 3 | 9K |
| 211250 | 4 | 区域 | P4 | 3 | 355 | 4 | 2 | — |
| 211251 | 4 | 区域 | P4 | 2 | 234 | 3 | 1 | 9K |
| 211252 | 4 | 区域 | P4 | 1 | 120 | 4 | 4 | — |
| 211253 | 4 | 区域 | P4 | 2 | 252 | 2 | 2 | — |
| 211254 | 4 | 区域 | P5 | 2 | 277 | 4 | 2 | — |
| 211255 | 4 | 区域 | P5 | 2 | 282 | 3 | 1 | 9K |
| 211256 | 4 | 区域 | P5 | 3 | 438 | 4 | 4 | — |
| 211257 | 4 | 区域 | P5 | 4 | 557 | 2 | 3 | 14K |
| 211258 | 4 | 区域 | P5 | 2 | 286 | 3 | 4 | — |
| 211259 | 4 | 区域 | P5 | 1 | 139 | 4 | 4 | 9K |
| 211260 | 4 | 国内 | P2 | 3 | 199 | 4 | 2 | — |
| 211261 | 4 | 国内 | P2 | 3 | 212 | 2 | 1 | 9K |

| 订单编号 | 年份 | 市场 | 产品 | 数量 | 总价 | 交货期 | 账期 | ISO |
|---|---|---|---|---|---|---|---|---|
| 211262 | 4 | 国内 | P2 | 1 | 73 | 3 | 2 | — |
| 211263 | 4 | 国内 | P2 | 2 | 134 | 2 | 4 | — |
| 211264 | 4 | 国内 | P2 | 1 | 69 | 3 | 3 | 14K |
| 211265 | 4 | 国内 | P2 | 4 | 286 | 4 | 3 | 9K |
| 211266 | 4 | 国内 | P2 | 3 | 214 | 3 | 1 | 14K |
| 211267 | 4 | 国内 | P2 | 2 | 142 | 4 | 4 | 9K |
| 211268 | 4 | 国内 | P4 | 1 | 120 | 3 | 4 | — |
| 211269 | 4 | 国内 | P4 | 2 | 236 | 4 | 1 | 14K |
| 211270 | 4 | 国内 | P4 | 4 | 491 | 3 | 4 | — |
| 211271 | 4 | 国内 | P4 | 3 | 347 | 4 | 2 | — |
| 211272 | 4 | 国内 | P4 | 3 | 374 | 4 | 2 | 9K |
| 211273 | 4 | 国内 | P4 | 2 | 253 | 2 | 3 | 9K |
| 211274 | 4 | 国内 | P4 | 1 | 127 | 4 | 3 | — |
| 211275 | 4 | 亚洲 | P1 | 3 | 156 | 4 | 3 | — |
| 211276 | 4 | 亚洲 | P1 | 2 | 101 | 3 | 2 | — |
| 211277 | 4 | 亚洲 | P1 | 2 | 99 | 3 | 4 | — |
| 211278 | 4 | 亚洲 | P1 | 4 | 211 | 2 | 4 | 14K |
| 211279 | 4 | 亚洲 | P1 | 1 | 52 | 4 | 2 | 9K |
| 211280 | 4 | 亚洲 | P1 | 1 | 49 | 4 | 3 | 9K |
| 211281 | 4 | 亚洲 | P1 | 2 | 110 | 4 | 1 | — |
| 211282 | 4 | 亚洲 | P2 | 1 | 70 | 2 | 0 | 9K 14K |
| 211283 | 4 | 亚洲 | P2 | 2 | 131 | 4 | 4 | 14K |
| 211284 | 4 | 亚洲 | P2 | 3 | 196 | 4 | 1 | 9K |
| 211285 | 4 | 亚洲 | P2 | 3 | 213 | 2 | 4 | 9K |
| 211286 | 4 | 亚洲 | P2 | 1 | 67 | 4 | 4 | — |
| 211287 | 4 | 亚洲 | P2 | 4 | 275 | 4 | 3 | — |
| 211288 | 4 | 亚洲 | P2 | 3 | 193 | 3 | 3 | — |
| 211289 | 4 | 亚洲 | P2 | 3 | 212 | 3 | 2 | — |
| 211290 | 4 | 亚洲 | P2 | 4 | 267 | 4 | 2 | 9K |
| 211291 | 4 | 亚洲 | P2 | 2 | 143 | 3 | 1 | — |
| 211292 | 4 | 亚洲 | P3 | 3 | 219 | 4 | 3 | — |
| 211293 | 4 | 亚洲 | P3 | 2 | 146 | 2 | 1 | 9K |
| 211294 | 4 | 亚洲 | P3 | 4 | 305 | 2 | 1 | 9K |

续表

| 订单编号 | 年份 | 市场 | 产品 | 数量 | 总价 | 交货期 | 账期 | ISO |
|---|---|---|---|---|---|---|---|---|
| 211295 | 4 | 亚洲 | P3 | 3 | 229 | 4 | 4 | — |
| 211296 | 4 | 亚洲 | P3 | 3 | 239 | 4 | 4 | 9K |
| 211297 | 4 | 亚洲 | P3 | 2 | 159 | 4 | 3 | 14K |
| 211298 | 4 | 亚洲 | P3 | 2 | 154 | 3 | 2 | 14K |
| 211299 | 4 | 亚洲 | P3 | 1 | 76 | 4 | 0 | — |
| 211300 | 4 | 亚洲 | P3 | 2 | 148 | 3 | 2 | 9K |
| 211301 | 4 | 亚洲 | P3 | 1 | 78 | 3 | 4 | — |
| 211302 | 4 | 亚洲 | P5 | 3 | 404 | 4 | 4 | 9K |
| 211303 | 4 | 亚洲 | P5 | 1 | 138 | 3 | 2 | — |
| 211304 | 4 | 亚洲 | P5 | 4 | 559 | 4 | 4 | — |
| 211305 | 4 | 亚洲 | P5 | 2 | 287 | 4 | 3 | 9K |
| 211306 | 4 | 亚洲 | P5 | 2 | 275 | 2 | 1 | 14K |
| 211307 | 5 | 本地 | P1 | 3 | 154 | 3 | 4 | — |
| 211308 | 5 | 本地 | P1 | 3 | 142 | 2 | 1 | — |
| 211309 | 5 | 本地 | P1 | 2 | 104 | 4 | 2 | 9K　14K |
| 211310 | 5 | 本地 | P1 | 4 | 192 | 4 | 3 | — |
| 211311 | 5 | 本地 | P1 | 2 | 96 | 4 | 1 | 9K |
| 211312 | 5 | 本地 | P1 | 4 | 201 | 4 | 4 | 9K　14K |
| 211313 | 5 | 本地 | P1 | 2 | 96 | 4 | 3 | 14K |
| 211314 | 5 | 本地 | P1 | 1 | 50 | 3 | 4 | 9K |
| 211315 | 5 | 本地 | P1 | 1 | 48 | 3 | 2 | — |
| 211316 | 5 | 本地 | P2 | 2 | 137 | 3 | 4 | — |
| 211317 | 5 | 本地 | P2 | 1 | 72 | 4 | 4 | 14K |
| 211318 | 5 | 本地 | P2 | 1 | 68 | 4 | 2 | 9K |
| 211319 | 5 | 本地 | P2 | 2 | 148 | 4 | 3 | 9K |
| 211320 | 5 | 本地 | P2 | 4 | 289 | 2 | 2 | 14K |
| 211321 | 5 | 本地 | P2 | 2 | 139 | 3 | 1 | 14K |
| 211322 | 5 | 本地 | P2 | 3 | 210 | 2 | 1 | 9K |
| 211323 | 5 | 本地 | P2 | 2 | 143 | 4 | 3 | 9K |
| 211324 | 5 | 本地 | P2 | 3 | 205 | 3 | 4 | — |
| 211325 | 5 | 本地 | P3 | 1 | 83 | 3 | 4 | 9K |
| 211326 | 5 | 本地 | P3 | 3 | 255 | 2 | 3 | 9K　14K |
| 211327 | 5 | 本地 | P3 | 2 | 165 | 4 | 2 | 14K |

| 订单编号 | 年份 | 市场 | 产品 | 数量 | 总价 | 交货期 | 账期 | ISO |
|---|---|---|---|---|---|---|---|---|
| 211328 | 5 | 本地 | P3 | 2 | 166 | 2 | 2 | — |
| 211329 | 5 | 本地 | P3 | 4 | 330 | 4 | 4 | — |
| 211330 | 5 | 本地 | P3 | 1 | 86 | 4 | 1 | — |
| 211331 | 5 | 本地 | P3 | 3 | 240 | 3 | 3 | 9K |
| 211332 | 5 | 本地 | P3 | 2 | 165 | 3 | 1 | 9K 14K |
| 211333 | 5 | 本地 | P4 | 3 | 405 | 4 | 2 | 9K |
| 211334 | 5 | 本地 | P4 | 2 | 256 | 2 | 3 | 9K |
| 211335 | 5 | 本地 | P4 | 4 | 510 | 3 | 4 | 9K |
| 211336 | 5 | 本地 | P4 | 2 | 269 | 3 | 4 | — |
| 211337 | 5 | 本地 | P4 | 1 | 124 | 4 | 4 | 14K |
| 211338 | 5 | 本地 | P4 | 2 | 258 | 4 | 1 | 14K |
| 211339 | 5 | 区域 | P2 | 2 | 156 | 3 | 2 | 9K |
| 211340 | 5 | 区域 | P2 | 2 | 145 | 4 | 3 | 9K |
| 211341 | 5 | 区域 | P2 | 2 | 152 | 4 | 1 | 14K |
| 211342 | 5 | 区域 | P2 | 3 | 233 | 3 | 4 | — |
| 211343 | 5 | 区域 | P2 | 1 | 75 | 4 | 3 | 9K |
| 211344 | 5 | 区域 | P2 | 2 | 149 | 3 | 1 | 9K |
| 211345 | 5 | 区域 | P2 | 4 | 296 | 4 | 4 | 14K |
| 211346 | 5 | 区域 | P2 | 3 | 211 | 2 | 4 | 14K |
| 211347 | 5 | 区域 | P2 | 1 | 72 | 2 | 2 | — |
| 211348 | 5 | 区域 | P3 | 1 | 87 | 2 | 3 | — |
| 211349 | 5 | 区域 | P3 | 3 | 271 | 3 | 3 | 9K |
| 211350 | 5 | 区域 | P3 | 2 | 184 | 4 | 4 | — |
| 211351 | 5 | 区域 | P3 | 4 | 352 | 4 | 4 | 14K |
| 211352 | 5 | 区域 | P3 | 3 | 279 | 4 | 1 | 9K |
| 211353 | 5 | 区域 | P3 | 1 | 91 | 4 | 2 | 14K |
| 211354 | 5 | 区域 | P3 | 2 | 175 | 3 | 2 | 9K |
| 211355 | 5 | 区域 | P4 | 3 | 385 | 3 | 1 | — |
| 211356 | 5 | 区域 | P4 | 1 | 137 | 4 | 4 | 9K |
| 211357 | 5 | 区域 | P4 | 2 | 249 | 3 | 3 | — |
| 211358 | 5 | 区域 | P4 | 2 | 271 | 4 | 2 | 14K |
| 211359 | 5 | 区域 | P4 | 1 | 129 | 2 | 1 | 9K 14K |
| 211360 | 5 | 区域 | P4 | 3 | 409 | 2 | 3 | — |

| 订单编号 | 年份 | 市场 | 产品 | 数量 | 总价 | 交货期 | 账期 | ISO |
|---|---|---|---|---|---|---|---|---|
| 211361 | 5 | 区域 | P4 | 2 | 245 | 4 | 4 | 9K　14K |
| 211362 | 5 | 区域 | P4 | 4 | 510 | 4 | 2 | — |
| 211363 | 5 | 区域 | P4 | 2 | 268 | 3 | 4 | 9K |
| 211364 | 5 | 区域 | P5 | 2 | 313 | 2 | 4 | — |
| 211365 | 5 | 区域 | P5 | 2 | 301 | 3 | 2 | 9K |
| 211366 | 5 | 区域 | P5 | 1 | 151 | 4 | 1 | — |
| 211367 | 5 | 区域 | P5 | 3 | 477 | 4 | 4 | 14K |
| 211368 | 5 | 区域 | P5 | 4 | 606 | 4 | 3 | 9K　14K |
| 211369 | 5 | 国内 | P2 | 2 | 144 | 2 | 4 | — |
| 211370 | 5 | 国内 | P2 | 4 | 277 | 2 | 1 | 9K |
| 211371 | 5 | 国内 | P2 | 2 | 137 | 4 | 2 | 9K |
| 211372 | 5 | 国内 | P2 | 2 | 136 | 3 | 4 | — |
| 211373 | 5 | 国内 | P2 | 3 | 204 | 4 | 1 | 14K |
| 211374 | 5 | 国内 | P2 | 4 | 279 | 4 | 4 | 14K |
| 211375 | 5 | 国内 | P2 | 3 | 217 | 3 | 3 | — |
| 211376 | 5 | 国内 | P2 | 1 | 70 | 3 | 3 | 9K |
| 211377 | 5 | 国内 | P2 | 1 | 68 | 4 | 2 | 9K　14K |
| 211378 | 5 | 国内 | P3 | 3 | 251 | 3 | 4 | 9K |
| 211379 | 5 | 国内 | P3 | 4 | 329 | 4 | 1 | 9K |
| 211380 | 5 | 国内 | P3 | 2 | 159 | 4 | 2 | 9K |
| 211381 | 5 | 国内 | P3 | 2 | 159 | 2 | 2 | 14K |
| 211382 | 5 | 国内 | P3 | 1 | 86 | 4 | 3 | — |
| 211383 | 5 | 国内 | P3 | 3 | 233 | 3 | 4 | — |
| 211384 | 5 | 国内 | P3 | 2 | 171 | 4 | 3 | 14K |
| 211385 | 5 | 国内 | P4 | 1 | 128 | 2 | 3 | 9K |
| 211386 | 5 | 国内 | P4 | 4 | 533 | 3 | 4 | — |
| 211387 | 5 | 国内 | P4 | 3 | 403 | 3 | 4 | 9K　14K |
| 211388 | 5 | 国内 | P4 | 2 | 267 | 4 | 1 | 14K |
| 211389 | 5 | 国内 | P4 | 2 | 264 | 4 | 3 | — |
| 211390 | 5 | 国内 | P4 | 2 | 280 | 4 | 4 | — |
| 211391 | 5 | 国内 | P4 | 1 | 143 | 4 | 2 | 9K |
| 211392 | 5 | 国内 | P5 | 3 | 470 | 4 | 3 | 9K |
| 211393 | 5 | 国内 | P5 | 1 | 156 | 3 | 1 | 9K　14K |

| 订单编号 | 年份 | 市场 | 产品 | 数量 | 总价 | 交货期 | 账期 | ISO |
|---|---|---|---|---|---|---|---|---|
| 211394 | 5 | 国内 | P5 | 2 | 289 | 4 | 2 | — |
| 211395 | 5 | 国内 | P5 | 2 | 306 | 2 | 4 | — |
| 211396 | 5 | 国内 | P5 | 3 | 462 | 4 | 4 | 14K |
| 211397 | 5 | 亚洲 | P1 | 4 | 210 | 4 | 1 | — |
| 211398 | 5 | 亚洲 | P1 | 2 | 97 | 2 | 4 | 9K 14K |
| 211399 | 5 | 亚洲 | P1 | 4 | 191 | 3 | 2 | 9K |
| 211400 | 5 | 亚洲 | P1 | 2 | 99 | 3 | 4 | — |
| 211401 | 5 | 亚洲 | P1 | 3 | 154 | 3 | 3 | 14K |
| 211402 | 5 | 亚洲 | P1 | 3 | 149 | 2 | 2 | — |
| 211403 | 5 | 亚洲 | P1 | 1 | 49 | 4 | 4 | 9K |
| 211404 | 5 | 亚洲 | P1 | 2 | 102 | 4 | 1 | 9K |
| 211405 | 5 | 亚洲 | P1 | 1 | 52 | 4 | 3 | 14K |
| 211406 | 5 | 亚洲 | P3 | 4 | 351 | 4 | 3 | 14K |
| 211407 | 5 | 亚洲 | P3 | 3 | 252 | 3 | 4 | — |
| 211408 | 5 | 亚洲 | P3 | 2 | 173 | 4 | 4 | 9K |
| 211409 | 5 | 亚洲 | P3 | 2 | 181 | 2 | 1 | — |
| 211410 | 5 | 亚洲 | P3 | 3 | 268 | 2 | 1 | 9K 14K |
| 211411 | 5 | 亚洲 | P3 | 1 | 83 | 3 | 3 | 9K 14K |
| 211412 | 5 | 亚洲 | P3 | 3 | 249 | 4 | 2 | — |
| 211413 | 5 | 亚洲 | P3 | 1 | 89 | 3 | 2 | 9K |
| 211414 | 5 | 亚洲 | P5 | 2 | 310 | 2 | 2 | 9K |
| 211415 | 5 | 亚洲 | P5 | 3 | 456 | 3 | 4 | 9K |
| 211416 | 5 | 亚洲 | P5 | 2 | 288 | 4 | 1 | 14K |
| 211417 | 5 | 亚洲 | P5 | 1 | 149 | 4 | 4 | — |
| 211418 | 5 | 亚洲 | P5 | 2 | 287 | 3 | 4 | — |
| 211419 | 5 | 亚洲 | P5 | 3 | 436 | 4 | 3 | 9K 14K |
| 211420 | 5 | 国际 | P1 | 1 | 56 | 4 | 2 | — |
| 211421 | 5 | 国际 | P1 | 4 | 218 | 4 | 2 | — |
| 211422 | 5 | 国际 | P1 | 1 | 50 | 3 | 1 | 9K |
| 211423 | 5 | 国际 | P1 | 2 | 105 | 3 | 4 | 9K 14K |
| 211424 | 5 | 国际 | P1 | 3 | 155 | 4 | 3 | 9K |
| 211425 | 5 | 国际 | P1 | 2 | 111 | 2 | 3 | 9K 14K |
| 211426 | 5 | 国际 | P1 | 3 | 160 | 4 | 0 | 14K |

续表

| 订单编号 | 年份 | 市场 | 产品 | 数量 | 总价 | 交货期 | 账期 | ISO |
|---|---|---|---|---|---|---|---|---|
| 211427 | 5 | 国际 | P1 | 4 | 215 | 2 | 4 | 9K |
| 211428 | 5 | 国际 | P1 | 2 | 110 | 3 | 4 | 14K |
| 211429 | 5 | 国际 | P1 | 2 | 104 | 4 | 1 | — |
| 211430 | 5 | 国际 | P2 | 1 | 75 | 4 | 4 | 14K |
| 211431 | 5 | 国际 | P2 | 3 | 204 | 4 | 2 | — |
| 211432 | 5 | 国际 | P2 | 2 | 134 | 4 | 4 | |
| 211433 | 5 | 国际 | P2 | 3 | 224 | 3 | 1 | 9K |
| 211434 | 5 | 国际 | P2 | 2 | 150 | 4 | 3 | 9K  14K |
| 211435 | 5 | 国际 | P2 | 1 | 67 | 2 | 2 | 9K |
| 211436 | 5 | 国际 | P2 | 4 | 283 | 3 | 3 | — |
| 211437 | 5 | 国际 | P4 | 2 | 251 | 4 | 3 | 9K |
| 211438 | 5 | 国际 | P4 | 1 | 122 | 3 | 4 | — |
| 211439 | 5 | 国际 | P4 | 2 | 240 | 3 | 3 | 9K |
| 211440 | 5 | 国际 | P4 | 2 | 256 | 4 | 2 | |
| 211441 | 5 | 国际 | P4 | 4 | 502 | 2 | 1 | 14K |
| 211442 | 5 | 国际 | P4 | 3 | 382 | 4 | 4 | 9K  14K |
| 211443 | 5 | 国际 | P5 | 4 | 586 | 4 | 1 | — |
| 211444 | 5 | 国际 | P5 | 3 | 453 | 4 | 4 | 14K |
| 211445 | 5 | 国际 | P5 | 2 | 305 | 3 | 3 | 9K |
| 211446 | 5 | 国际 | P5 | 2 | 279 | 4 | 4 | 9K  14K |
| 211447 | 5 | 国际 | P5 | 1 | 141 | 2 | 2 | — |
| 211448 | 6 | 本地 | P2 | 2 | 149 | 2 | 4 | 14K |
| 211449 | 6 | 本地 | P2 | 3 | 211 | 2 | 4 | 9K  14K |
| 211450 | 6 | 本地 | P2 | 3 | 223 | 4 | 3 | 9K |
| 211451 | 6 | 本地 | P2 | 4 | 281 | 4 | 4 | 9K  14K |
| 211452 | 6 | 本地 | P2 | 1 | 74 | 3 | 1 | — |
| 211453 | 6 | 本地 | P2 | 1 | 70 | 4 | 0 | 9K |
| 211454 | 6 | 本地 | P2 | 2 | 136 | 3 | 2 | 9K  14K |
| 211455 | 6 | 本地 | P2 | 2 | 136 | 3 | 1 | 9K |
| 211456 | 6 | 本地 | P2 | 2 | 144 | 4 | 3 | 14K |
| 211457 | 6 | 本地 | P2 | 3 | 222 | 4 | 2 | |
| 211458 | 6 | 本地 | P3 | 1 | 87 | 2 | 4 | |
| 211459 | 6 | 本地 | P3 | 4 | 353 | 2 | 1 | — |

| 订单编号 | 年份 | 市场 | 产品 | 数量 | 总价 | 交货期 | 账期 | ISO |
|---|---|---|---|---|---|---|---|---|
| 211460 | 6 | 本地 | P3 | 3 | 262 | 4 | 4 | 9K 14K |
| 211461 | 6 | 本地 | P3 | 4 | 338 | 4 | 4 | 9K |
| 211462 | 6 | 本地 | P3 | 3 | 256 | 3 | 1 | 9K |
| 211463 | 6 | 本地 | P3 | 3 | 253 | 3 | 3 | 14K |
| 211464 | 6 | 本地 | P3 | 2 | 182 | 4 | 2 | 9K 14K |
| 211465 | 6 | 本地 | P3 | 2 | 169 | 4 | 2 | — |
| 211466 | 6 | 本地 | P3 | 3 | 265 | 3 | 3 | 9K 14K |
| 211467 | 6 | 本地 | P4 | 3 | 377 | 2 | 1 | 14K |
| 211468 | 6 | 本地 | P4 | 3 | 395 | 4 | 1 | 14K |
| 211469 | 6 | 本地 | P4 | 1 | 130 | 4 | 2 | 14K |
| 211470 | 6 | 本地 | P4 | 1 | 119 | 2 | 3 | 9K |
| 211471 | 6 | 本地 | P4 | 2 | 255 | 3 | 3 | 9K |
| 211472 | 6 | 本地 | P4 | 2 | 263 | 4 | 4 | 14K |
| 211473 | 6 | 本地 | P4 | 2 | 246 | 3 | 4 | 9K |
| 211474 | 6 | 本地 | P4 | 4 | 491 | 3 | 2 | 9K |
| 211475 | 6 | 本地 | P5 | 2 | 293 | 4 | 4 | — |
| 211476 | 6 | 本地 | P5 | 1 | 148 | 4 | 4 | 9K |
| 211477 | 6 | 本地 | P5 | 2 | 324 | 2 | 3 | — |
| 211478 | 6 | 本地 | P5 | 3 | 476 | 4 | 2 | 9K 14K |
| 211479 | 6 | 本地 | P5 | 3 | 440 | 3 | 1 | 9K 14K |
| 211480 | 6 | 区域 | P1 | 2 | 102 | 3 | 0 | 9K 14K |
| 211481 | 6 | 区域 | P1 | 2 | 107 | 4 | 2 | 14K |
| 211482 | 6 | 区域 | P1 | 1 | 56 | 4 | 1 | — |
| 211483 | 6 | 区域 | P1 | 3 | 166 | 4 | 4 | 9K |
| 211484 | 6 | 区域 | P1 | 3 | 168 | 2 | 4 | 14K |
| 211485 | 6 | 区域 | P1 | 4 | 222 | 4 | 1 | 9K |
| 211486 | 6 | 区域 | P1 | 3 | 152 | 4 | 4 | 9K |
| 211487 | 6 | 区域 | P1 | 3 | 168 | 2 | 3 | 9K 14K |
| 211488 | 6 | 区域 | P1 | 1 | 53 | 3 | 3 | 9K |
| 211489 | 6 | 区域 | P1 | 4 | 204 | 3 | 2 | 14K |
| 211490 | 6 | 区域 | P2 | 2 | 143 | 4 | 1 | 9K 14K |
| 211491 | 6 | 区域 | P2 | 2 | 151 | 3 | 3 | — |
| 211492 | 6 | 区域 | P2 | 1 | 75 | 2 | 2 | 9K 14K |

续表

| 订单编号 | 年份 | 市场 | 产品 | 数量 | 总价 | 交货期 | 账期 | ISO |
|---|---|---|---|---|---|---|---|---|
| 211493 | 6 | 区域 | P2 | 4 | 293 | 4 | 4 | — |
| 211494 | 6 | 区域 | P2 | 1 | 71 | 4 | 2 | 14K |
| 211495 | 6 | 区域 | P2 | 3 | 214 | 4 | 1 | 9K |
| 211496 | 6 | 区域 | P2 | 3 | 216 | 2 | 4 | 9K |
| 211497 | 6 | 区域 | P2 | 3 | 226 | 3 | 4 | 9K  14K |
| 211498 | 6 | 区域 | P2 | 2 | 144 | 3 | 3 | — |
| 211499 | 6 | 区域 | P3 | 1 | 95 | 3 | 2 | — |
| 211500 | 6 | 区域 | P3 | 4 | 392 | 2 | 4 | 14K |
| 211501 | 6 | 区域 | P3 | 2 | 204 | 4 | 4 | 9K |
| 211502 | 6 | 区域 | P3 | 2 | 199 | 4 | 1 | — |
| 211503 | 6 | 区域 | P3 | 3 | 286 | 4 | 3 | 9K  14K |
| 211504 | 6 | 区域 | P3 | 2 | 191 | 3 | 4 | 9K  14K |
| 211505 | 6 | 区域 | P5 | 3 | 465 | 4 | 4 | 9K  14K |
| 211506 | 6 | 区域 | P5 | 3 | 478 | 2 | 1 | 14K |
| 211507 | 6 | 区域 | P5 | 2 | 311 | 4 | 2 | 9K |
| 211508 | 6 | 区域 | P5 | 2 | 295 | 4 | 3 | — |
| 211509 | 6 | 国内 | P3 | 3 | 299 | 2 | 3 | 9K |
| 211510 | 6 | 国内 | P3 | 4 | 379 | 4 | 1 | 14K |
| 211511 | 6 | 国内 | P3 | 1 | 98 | 4 | 4 | 9K  14K |
| 211512 | 6 | 国内 | P3 | 3 | 268 | 4 | 4 | 9K |
| 211513 | 6 | 国内 | P3 | 3 | 285 | 4 | 2 | 9K |
| 211514 | 6 | 国内 | P3 | 1 | 90 | 3 | 1 | 14K |
| 211515 | 6 | 国内 | P3 | 2 | 182 | 3 | 4 | — |
| 211516 | 6 | 国内 | P3 | 2 | 191 | 3 | 3 | 14K |
| 211517 | 6 | 国内 | P3 | 2 | 192 | 2 | 2 | 9K |
| 211518 | 6 | 国内 | P4 | 3 | 399 | 3 | 2 | 14K |
| 211519 | 6 | 国内 | P4 | 2 | 275 | 4 | 3 | 9K  14K |
| 211520 | 6 | 国内 | P4 | 4 | 581 | 4 | 2 | — |
| 211521 | 6 | 国内 | P4 | 1 | 138 | 2 | 1 | — |
| 211522 | 6 | 国内 | P4 | 3 | 424 | 4 | 4 | 9K |
| 211523 | 6 | 国内 | P4 | 2 | 294 | 4 | 4 | 9K  14K |
| 211524 | 6 | 国内 | P4 | 1 | 148 | 3 | 3 | 9K |
| 211525 | 6 | 国内 | P4 | 2 | 272 | 2 | 1 | 9K |

| 订单编号 | 年份 | 市场 | 产品 | 数量 | 总价 | 交货期 | 账期 | ISO |
|---|---|---|---|---|---|---|---|---|
| 211526 | 6 | 国内 | P4 | 3 | 413 | 3 | 4 | 14K |
| 211527 | 6 | 国内 | P5 | 3 | 492 | 4 | 1 | — |
| 211528 | 6 | 国内 | P5 | 2 | 310 | 4 | 4 | 9K 14K |
| 211529 | 6 | 国内 | P5 | 3 | 449 | 3 | 2 | 9K 14K |
| 211530 | 6 | 国内 | P5 | 2 | 320 | 2 | 3 | 14K |
| 211531 | 6 | 国内 | P5 | 1 | 158 | 3 | 4 | 9K |
| 211532 | 6 | 国内 | P5 | 2 | 300 | 4 | 4 | — |
| 211533 | 6 | 亚洲 | P1 | 2 | 107 | 4 | 1 | 9K |
| 211534 | 6 | 亚洲 | P1 | 4 | 204 | 3 | 2 | 9K |
| 211535 | 6 | 亚洲 | P1 | 3 | 151 | 3 | 1 | 9K 14K |
| 211536 | 6 | 亚洲 | P1 | 4 | 208 | 4 | 4 | 14K |
| 211537 | 6 | 亚洲 | P1 | 3 | 163 | 4 | 4 | — |
| 211538 | 6 | 亚洲 | P1 | 2 | 104 | 2 | 0 | 9K |
| 211539 | 6 | 亚洲 | P1 | 3 | 152 | 3 | 4 | 9K 14K |
| 211540 | 6 | 亚洲 | P1 | 1 | 50 | 4 | 3 | 14K |
| 211541 | 6 | 亚洲 | P1 | 2 | 101 | 4 | 2 | 9K 14K |
| 211542 | 6 | 亚洲 | P1 | 3 | 154 | 2 | 3 | — |
| 211543 | 6 | 亚洲 | P2 | 2 | 154 | 4 | 2 | — |
| 211544 | 6 | 亚洲 | P2 | 3 | 217 | 3 | 4 | 9K |
| 211545 | 6 | 亚洲 | P2 | 3 | 236 | 3 | 4 | 9K 14K |
| 211546 | 6 | 亚洲 | P2 | 1 | 72 | 4 | 3 | 9K |
| 211547 | 6 | 亚洲 | P2 | 2 | 142 | 4 | 2 | 9K 14K |
| 211548 | 6 | 亚洲 | P2 | 2 | 156 | 2 | 4 | — |
| 211549 | 6 | 亚洲 | P2 | 2 | 143 | 3 | 3 | 14K |
| 211550 | 6 | 亚洲 | P2 | 1 | 78 | 2 | 1 | — |
| 211551 | 6 | 亚洲 | P2 | 4 | 302 | 4 | 1 | 9K 14K |
| 211552 | 6 | 亚洲 | P4 | 2 | 267 | 4 | 3 | 14K |
| 211553 | 6 | 亚洲 | P4 | 3 | 414 | 2 | 2 | 9K |
| 211554 | 6 | 亚洲 | P4 | 2 | 296 | 4 | 1 | — |
| 211555 | 6 | 亚洲 | P4 | 2 | 292 | 4 | 4 | 9K |
| 211556 | 6 | 亚洲 | P4 | 1 | 132 | 3 | 4 | 14K |
| 211557 | 6 | 亚洲 | P4 | 1 | 145 | 3 | 3 | 9K 14K |
| 211558 | 6 | 亚洲 | P4 | 4 | 569 | 4 | 2 | 9K |

| 订单编号 | 年份 | 市场 | 产品 | 数量 | 总价 | 交货期 | 账期 | ISO |
|---|---|---|---|---|---|---|---|---|
| 211559 | 6 | 国际 | P1 | 3 | 165 | 3 | 1 | 9K |
| 211560 | 6 | 国际 | P1 | 2 | 108 | 4 | 3 | 9K 14K |
| 211561 | 6 | 国际 | P1 | 1 | 55 | 2 | 3 | 14K |
| 211562 | 6 | 国际 | P1 | 4 | 224 | 3 | 1 | 9K 14K |
| 211563 | 6 | 国际 | P1 | 1 | 56 | 3 | 4 | 14K |
| 211564 | 6 | 国际 | P1 | 3 | 176 | 4 | 4 | — |
| 211565 | 6 | 国际 | P1 | 3 | 159 | 4 | 2 | — |
| 211566 | 6 | 国际 | P1 | 2 | 117 | 2 | 2 | 9K |
| 211567 | 6 | 国际 | P1 | 2 | 107 | 4 | 2 | 9K |
| 211568 | 6 | 国际 | P2 | 1 | 75 | 4 | 2 | 14K |
| 211569 | 6 | 国际 | P2 | 2 | 139 | 3 | 4 | 9K |
| 211570 | 6 | 国际 | P2 | 2 | 151 | 4 | 1 | 9K 14K |
| 211571 | 6 | 国际 | P2 | 2 | 148 | 2 | 3 | 14K |
| 211572 | 6 | 国际 | P2 | 2 | 137 | 4 | 1 | 9K |
| 211573 | 6 | 国际 | P2 | 4 | 298 | 3 | 2 | 9K 14K |
| 211574 | 6 | 国际 | P2 | 1 | 70 | 2 | 0 | 14K |
| 211575 | 6 | 国际 | P2 | 3 | 204 | 4 | 4 | 9K |
| 211576 | 6 | 国际 | P2 | 3 | 212 | 3 | 4 | |
| 211577 | 6 | 国际 | P2 | 3 | 226 | 4 | 3 | 9K |
| 211578 | 6 | 国际 | P3 | 3 | 241 | 3 | 1 | 9K 14K |
| 211579 | 6 | 国际 | P3 | 1 | 87 | 4 | 4 | — |
| 211580 | 6 | 国际 | P3 | 2 | 168 | 4 | 3 | 9K 14K |
| 211581 | 6 | 国际 | P3 | 1 | 82 | 2 | 2 | — |
| 211582 | 6 | 国际 | P3 | 2 | 171 | 3 | 2 | 9K 14K |
| 211583 | 6 | 国际 | P3 | 3 | 259 | 3 | 4 | — |
| 211584 | 6 | 国际 | P3 | 4 | 346 | 4 | 1 | 9K 14K |
| 211585 | 6 | 国际 | P3 | 3 | 256 | 2 | 3 | — |
| 211586 | 6 | 国际 | P4 | 3 | 427 | 3 | 4 | 9K |
| 211587 | 6 | 国际 | P4 | 1 | 129 | 4 | 2 | 9K |
| 211588 | 6 | 国际 | P4 | 2 | 272 | 2 | 2 | 14K |
| 211589 | 6 | 国际 | P4 | 3 | 381 | 4 | 4 | 14K |
| 211590 | 6 | 国际 | P4 | 1 | 136 | 4 | 3 | 9K |
| 211591 | 6 | 国际 | P4 | 4 | 541 | 4 | 3 | — |

续表

| 订单编号 | 年份 | 市场 | 产品 | 数量 | 总价 | 交货期 | 账期 | ISO | |
|---|---|---|---|---|---|---|---|---|---|
| 211592 | 6 | 国际 | P4 | 2 | 272 | 3 | 1 | 9K | 14K |
| 211593 | 6 | 国际 | P5 | 2 | 304 | 2 | 4 | — | |
| 211594 | 6 | 国际 | P5 | 2 | 317 | 4 | 2 | — | |
| 211595 | 6 | 国际 | P5 | 1 | 166 | 4 | 1 | 9K | 14K |
| 211596 | 6 | 国际 | P5 | 3 | 466 | 3 | 4 | 9K | 14K |
| 211597 | 6 | 国际 | P5 | 3 | 503 | 4 | 3 | 9K | |

**附表 13**          **竞单表**

| 编号 | 年份 | 市场 | 产品 | 数量 | ISO | |
|---|---|---|---|---|---|---|
| 3J01 | 3 | 本地 | P1 | 3 | 无 | |
| 3J02 | 3 | 本地 | P2 | 4 | 无 | |
| 3J03 | 3 | 本地 | P3 | 2 | 无 | |
| 3J06 | 3 | 本地 | P4 | 3 | 无 | |
| 3J07 | 3 | 区域 | P1 | 3 | 14K | |
| 3J08 | 3 | 区域 | P2 | 3 | 9K | 14K |
| 3J10 | 3 | 区域 | P4 | 4 | 9K | 14K |
| 3J11 | 3 | 区域 | P5 | 2 | 9K | 14K |
| 3J12 | 3 | 国内 | P1 | 3 | 9K | 14K |
| 3J13 | 3 | 国内 | P2 | 2 | 无 | |
| 3J14 | 3 | 国内 | P3 | 2 | 无 | |
| 3J15 | 3 | 国内 | P5 | 2 | 无 | |
| 6J01 | 6 | 本地 | P2 | 2 | 无 | |
| 6J02 | 6 | 本地 | P3 | 3 | 无 | |
| 6J03 | 6 | 本地 | P4 | 3 | 无 | |
| 6J04 | 6 | 区域 | P3 | 2 | 无 | |
| 6J05 | 6 | 区域 | P4 | 2 | 9K | 14K |
| 6J06 | 6 | 区域 | P5 | 2 | 无 | |
| 6J07 | 6 | 国内 | P1 | 10 | 无 | |
| 6J08 | 6 | 国内 | P2 | 7 | 无 | |
| 6J09 | 6 | 国内 | P3 | 6 | 9K | |
| 6J10 | 6 | 国内 | P4 | 5 | 14K | |
| 6J11 | 6 | 亚洲 | P5 | 5 | 9K | |

续表

| 编号 | 年份 | 市场 | 产品 | 数量 | ISO |
|------|------|------|------|------|------|
| 6J12 | 6 | 亚洲 | P2 | 3 | 无 |
| 6J13 | 6 | 亚洲 | P3 | 4 | 14K |
| 6J14 | 6 | 亚洲 | P4 | 2 | 无 |
| 6J15 | 6 | 国际 | P4 | 3 | 14K |
| 6J16 | 6 | 国际 | P5 | 3 | 无 |
| 6J17 | 6 | 国际 | P2 | 3 | 9K　14K |

# 参 考 文 献

［1］陈丽.企业经营沙盘模拟理论与实物［M］.北京理工大学出版社，2017.

［2］陈继祥.战略管理［M］.上海人民出版社，格致出版社，2008.

［3］刘平.用友 ERP 沙盘模拟学习指导书［M］.东北财经大学出版社，2009.

［4］刘勇.把市场建在实验室，把公司交给学生［J］.实验室研究与探索，2010（3）.

［5］王新玲.ERP 沙盘模拟学习指导书［M］.清华大学出版社，2006.

［6］李玉良.ERP 沙盘模拟经营实训教程［M］.浙江大学出版社，2015.

［7］李芳懿.ERP 沙盘模拟第 2 版［M］.清华大学出版社，2015.

［8］张前.ERP 沙盘模拟对抗中的市场博弈［J］.实验室研究与探索，2014（8）.

［9］张前.ERP 沙盘模拟对抗中的筹资与投资攻略［J］.财会月刊，2013（10）.

［10］申红艳，张金枝，余毅.会计专业 ERP 沙盘模拟教学模式设计［J］.财会月刊，2012（9）.

# 敬 告 读 者

为了帮助广大师生和其他学习者更好地使用、理解和巩固教材的内容，本套教材提供课件和习题答案，读者可关注公众号"会计与财税"，浏览课件和习题答案。

如有任何疑问，请与我们联系。

QQ：16678727

邮箱：esp_bj@163.com

教师服务 QQ 群：606331294

读者交流 QQ 群：391238470

经济科学出版社

2020 年 9 月

会计与财税　　　　教师服务 QQ 群　　　　读者交流 QQ 群　　　　经科在线学堂